戦略的 リスクマネジメントで 会社を強くする

STRATEGIC RISK MANAGEMENT

野田 健太郎 [著]
NODA KENTARO

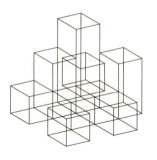

中央経済社

はじめに

　東日本大震災から5年以上，米国同時多発テロから15年以上が経過した。その間にも熊本地震をはじめ度重なる地震や巨大な台風などによる風水害が日本を襲っている。企業の活動に目を転じてもリーマンショック，イギリスのユーロ圏からの離脱をはじめとしたさまざまな経済的なショックに見舞われている。

　リスクの内容が多様化し，しかも瞬時に大きな被害を与えるタイプのものが増加している。こうした背景には経済のグローバル化，それにともなうサプライチェーンの高度化やさまざまなサービスの相互依存性の高まりも影響している。また近年，風水害などの自然災害が多発しているが，これには人間の活動が地球温暖化を招きそれが大きな影響を与えているという指摘もある。さらに，温室効果ガス（CO_2など）を起因とする環境問題によって，化石燃料の多くが利用できなくなるいわゆる資源制約の問題も出てきている。今までわれわれが信じて疑わなかった企業価値の多くが，遠くない将来には失われるかもしれない。今後，さらにニーズの多様化，IT技術のさらなる進展でビジネスのスピードは今まで以上に速まることは間違いない。

　こうした状況に直面し，さまざまな組織，とりわけ経済活動を行う企業には，多様化したリスク，潜在的なリスク，短期間で大きな被害をもたらすリスクを正面からとらえ，有効な対策を打ち出し，レジリエントな体制を構築することが今求められている。

　解決の方向性としては，①リスクの原因にとらわれない対策を立案する。②大きなイベントが起こりリソース（経営資源）そのものを守ることができない場合に備え，連携，買収，撤退といった手段を含め，急激な環境変化に対していかに早く対応できるのかを重視する。③守るべきは，現在の企業資産そのものではなく，企業としてどのように価値を提供し続けられるのか，さらには現在価値ではなく将来価値の保全（創出）であることを認識する。こうした点でリスクマネジメントも大きく変化する必要があり，これを「戦略的リスクマネジメント」とよびたい。

リスクマネジメントに関しては，近年，ERM，BCP，さらにレジリエンスなどさまざまな概念が登場している。日本でもリスクマネジメント普及のための取組みがなされ，第三者認証の必要性や訓練による実効性の向上が議論されている。最近はようやくリスクマネジメントが企業や組織の目に見えない資産として認識され，CSRや企業価値評価の中でも取り上げられるようになった。

　そうした中，現在の企業経営者にとっての大きな悩みは，①多様なリスクマネジメントが要求される中で，コストをかけても採算がとれるのか，②リスクマネジメントの中でも特に少頻度で大きな被害をもたらすイベントにどう対応するのか，③CSR（社会的責任），CSV（共有価値創造）の議論にどう向き合うのか，などではないだろうか。今までのリスクマネジメントに関する文献は，こうした課題に対してまだ明確な回答を用意できていないように思える。その解決策が本書『戦略的リスクマネジメントで会社を強くする』であり，以下の3点のアプローチからなる。

　1つ目として，リスクマネジメントはそれぞれの局面では適切な対応になっているものの，全体から見ればかえって間違った方向に誘導していることも多い。訓練やマネジメントシステムは「本当は何のために行うのか」について正しい認識が必要であり，現場で起きていることを踏まえながら実際に効果の高い方策を提案したいと考える（第3章～第6章を参照）。

　2つ目として，リスクマネジメントについては今まで印象でその効果が語られことが多かった。そこで本書では，可能な限り今までの実証結果を踏まえて客観的な議論を試みた（「リスク削減効果の定量化」）（第9章，第10章を参照）。

　3つ目として，リスクマネジメントはCSR，経営戦略などさまざまな分野との関係が重要になっており，その位置づけを明確にするように試みた。結果として「守り」としての視点が強かったリスクマネジメントを企業価値の向上，将来価値の保全（創出）につながる「攻め」としての道筋を示そうと考えた。その点を踏まえ，投資家等との「リスクコミュニケーション」に役立つ材料を提供している（第7章，第8章，第11章～第14章を参照）。

　本書は，企業の中で日々リスクマネジメントの難しさに頭を悩ませている方や，投資家をはじめとしたさまざまなステークホルダーとの交渉に取り組まれている方，ビジネスマン以外の方ではリスクマネジメント関連の研究者や学生

の方を想定読者として考えている。本書が興味をもって読んでいただければ望外の喜びである。

　最後に本書が完成するまでに，多くの方々にご指導，ご支援をいただいた。一橋大学の加賀谷哲之先生，中野誠先生，伊藤邦雄先生，亜細亜大学の鈴木智大先生，東京経済大学の金鉉玉先生，青山学院大学の小西範幸先生，神戸大学の奥三野禎倫先生をはじめ多くの先生方にご指導いただいた。立教大学大学院ビジネスデザイン研究科・観光学部，日本政策投資銀行・設備投資研究所，日本経済研究所，PwCあらた監査法人，事業継続推進機構，内閣府防災担当（および委員会）のみなさまからもいろいろご示唆をいただいた。御礼申し上げたい。また，本書の編集・刊行に際しては，中央経済社の田邉一正氏にご尽力いただき感謝申し上げたい。

　2017年1月

野田　健太郎

目　次

はじめに

第Ⅰ部　今，必要なリスクマネジメントとは何か……… 1

第1章　変化するリスク評価 ──────── 2

1　危機は多発しているのか？／2
2　企業価値評価の大きな変化／3
3　強まるリスク情報と企業価値の関係／5

第2章　新しいリスクマネジメント ──────── 7

1　リスクマネジメントに関するこれまでの議論／7
2　リスクマネジメントの新たなトレンド／8
 コラム1　日本の伝統的なレジリエンス／11
3　リスクマネジメントにおけるBCPの位置づけ／11
 コラム2　保守主義とリスクマネジメント／21
4　BCPは機能したのか？／21
5　BCP策定に向けての方策／25
 コラム3　策定を進める工夫／27

第Ⅱ部　リスクマネジメントの実際 — 29

第3章　進化するBCP — 30

1　環境変化への対応が鍵を握る／30
2　期待されるITの活用／31
3　IT部門のジレンマ／32
4　目標復旧時間に対する考え方／33
5　BCP策定率を向上させる意味は？／33
6　BCPは何を評価すべきか？／34
＜コラム4＞　BCPにどれだけお金をかけるのか？／36
7　第三者認証の効果と限界／37
＜コラム5＞　危機の際に司令塔となる中央省庁の対応／40

第4章　訓練で目指すべきポイント — 41

1　主要な訓練プログラム／41
＜コラム6＞　責任感が強すぎる場合のマイナス面／43
2　訓練の現場で起こっていること／43
＜コラム7＞　シナリオ非提示のシミュレーション訓練の効用／44

第5章　連携によるリスクマネジメントの新たな展開 — 45

1　リスクマネジメントの限界と新たな展開／45
2　地域連携の実際／48
3　見える化の限界／51
＜コラム8＞　新しいサプライチェーン／53
4　期待される性能評価／53

　　　　5　在庫戦略の実際／54

第6章　注目を集めるレジリエンス ―――― 55

　　　　1　レジリエンスとは？／55
　　　　2　地域のレジリエンスに対する取組みの評価／57
　　　　3　レジリエンスに関する情報の活用／59
　　　　4　レジリエンスを企業価値向上にどうつなげるか？／59
　　　〈コラム9〉　レジリエンスの個人への適用／60

第Ⅲ部　リスクマネジメントと経営 ……………… 61

第7章　CSV・CSRとリスクマネジメントの関係 ― 62

　　　　1　CSRとは何か？／62
　　　　2　環境問題の質的変化／64
　　　　3　市場活用の効果／65
　　　〈コラム10〉　社会的起業／68
　　　　4　コーポレート・ガバナンスをめぐる問題／68
　　　　5　CSVを達成するために／70

第8章　リスクコミュニケーションの重要性 ―――― 71

　　　　1　リスクコミュニケーションに関する議論の背景／71
　　　　2　リスク情報の位置づけ／74
　　　　3　情報開示に関する理論／76
　　　　4　リスク情報のタイプで開示効果に差があるのか？／77

  5　非財務情報の開示に求められるもの／**78**
  6　統合報告書への期待と不安／**80**

第9章　知られていないリスクマネジメントの効果 ── 82

  1　オペレーショナルな効果／**82**
  2　レピュテーションの向上／**84**
  3　経済的効果は存在するか？／**87**

第10章　企業評価とリスクマネジメントの変遷 ── 92

  1　財務諸表とデータの活用／**92**
  2　収益性分析／**96**
  3　安全性分析／**101**
  ◁ コラム11 ▷　財務レバレッジ／**102**
  4　キャッシュフロー分析／**105**
  5　マクロ指標分析／**108**
  6　将来予測分析／**110**
  7　企業行動分析／**114**
  8　企業価値評価の変遷／**120**
  9　企業審査／**125**
  ◁ コラム12 ▷　コーポレートファイナンスとプロジェクトファイナンス／**130**

第Ⅳ部 リスク情報の戦略的活用 ——————————— 131

第11章　有価証券報告書におけるリスク情報開示の現状 ——————— 132

 1　重要性が高まるリスク情報／132
 2　リスク情報開示の実態／133
 3　リスク情報の開示は何が問題か？／141
 4　リスク情報開示の望ましい方向性／142

第12章　リスク開示企業の特徴と効果 ——————— 145

 1　リスク情報開示企業の特徴／145
 2　関心が高まる個別リスク／147
 3　業績パフォーマンスは開示行動に影響するのか？／148
 4　リスク情報開示のマネジメント効果／149
 5　リスク情報開示に対する市場の評価／149
 6　法定開示と任意開示／150
 7　リスク情報はアナリスト予想精度に影響を与えるのか？／151

第13章　リスク情報の戦略的活用法 ——————— 152

 1　産業別の開示効果の利用法／153
 2　業態間の開示効果の利用法／158
 3　個別企業の開示効果の利用法／159
 4　リスク情報活用に関する今後の可能性と課題／160

第14章　業界別リスク分析 ─── 163

1　分析の流れ／163
2　業界分析／164
3　企業価値評価の流れ／174

参考文献 ─── 179
索　　引 ─── 193

今,必要なリスクマネジメントとは何か

第1章 変化するリスク評価
第2章 新しいリスクマネジメント

第1章 変化するリスク評価

- ▶災害などでビジネスが中断される確率が高まっている最も大きな要因は，企業間・組織間の連携が強まること，つまりサプライチェーンの拡大・深化である。
- ▶企業価値の評価方法が，株式所有構造の変化，現金保有の増加，会計制度の改革，非財務情報への関心の高まりなどによって大きく変化している。
- ▶リーマンショックや東日本大震災を経験して，リスク情報の開示と企業価値はプラスの関係が強まっている。

1 危機は多発しているのか？

　災害などでビジネスが中断される確率が高まっているのは，原因となる事象が増えているからであろうか。確かに，地球温暖化で風水害の被害が大きくなっているという指摘がなされ，地震の発生回数を見ても今世紀に入って増加の傾向にある。しかしながら最も大きな要因は企業間・組織間の連携が強まる，つまりサプライチェーンが拡大・深化しているからであろう。研究開発，外部委託，アウトソーシングも増え，企業が関係するステークホルダーが増加している。1つの中断の影響はかつてない広がりを見せている。

　そのように状況が変化する中で，日本ないし日本企業のリスクマネジメント

の能力はどのように評価できるのだろうか。世界経済フォーラムが公表した政府のリスクマネジメントと国全体の競争力スコア（世界経済フォーラム"Global Risk 2013"）では，日本のリスクマネジメント能力に関して興味深い指摘がある。一般的に政府のリスクマネジメント能力と産業や技術開発などが含まれる国全体の競争力スコアは相関が強い。その中にあって，ほぼ日本のみが国全体の競争力スコアに比べて政府のリスクマネジメントが劣っているという結果が示された。日本ではリスク管理手法の浸透が必ずしも十分でないという評価と考えられる。これに対しては多くの反論もあろうが，世界から見た日本のリスクマネジメントに対する1つの見方であることも事実であろう。

2 企業価値評価の大きな変化

　企業を取り巻くリスクが大きく変化するなかで，企業価値の評価方法について，近年大きな変化がみられる。その要因としては以下の4点をあげることができる。

　1点目は外国人投資家の存在である。かつて日本企業は事業法人や金融機関などの安定株主によって，買収などの圧力を感じることなく，安定的，ある意味長期的な視点で経営を行うことができた。しかし，バブル崩壊以降の株価の低迷や2002年3月期からの有価証券への時価評価の導入，さらに国際的な金融活動を行う銀行に対して一定以上の自己資本を求めるバーゼル規制の導入により，金融機関をはじめとした多くの企業が保有株式の売却を進めた。一方で，それに代わる投資主体として外国人投資家が急増した。外国人投資家は，既存の投資家に比べ，資本コストなど新たな視点で日本企業を評価することが多い。そのため，日本企業にとってリスクマネジメントの観点からも新たな対応が必要となった。

　2点目は手許資金の増加である。近年，日本企業は手許現金保有を増やし，上場企業の半数以上が有利子負債を上回る現金を保有する実質無借金経営となった。近年のこうした動きは，1つにはリーマンショックをはじめとした大きなリスクへの備えるため，もう1つは有望な投資機会が見つからないことが

理由として考えられる。有望な投資機会が見つけられず資本コストを上回るROE（自己資本利益率）が達成できないのであれば，企業価値を毀損していると指摘を受けることになる。

　3点目は会計制度のグローバル化である。IFRS（国際会計基準）の影響により経営者はバランスシート項目により注目せざるをえなくなった。さらに企業が持つ資産・負債を時価で測定する公正価値会計の導入に伴い，資産価値の変動や為替の変動といったリスクにも対応する必要が生じている。IFRSの導入により，日本企業が海外の企業と同一の目線で評価される時代が到来したといえる。

　4点目は非財務情報への関心の高まりである。目先の利益ではなく企業の持続的な成長を促すためには，財務情報だけでなく企業の非財務情報にも着目する必要がでてきた。人材，企業文化，ブランド，有力な取引先やネットワークなど企業の目に見えない要素が重要な位置づけを占める。企業はこうした情報を開示することにより，投資家などとの対話を行うことで企業価値への理解を進めることができる。これにより，近時問題となっている投資家の短期志向（ショートターミズム）を回避できる可能性がある。このため企業には，企業内にある非財務情報を把握し，企業価値にどのように結びついているのかを，定性的・定量的に説明することが求められる。

　その非財務情報の1つとしてリスク情報が大きな位置づけを占めるといわれている。**図表1-1**は日本の電機産業において（東証一部上場企業），それぞれのリスク情報の開示割合を示したものである。2003年度に比べ，2012年度は自然災害に関するリスクの順位が大幅に上昇し，経営や製品・サービスに関するリスクの開示より上位にきている。度重なる地震などによる直接的な被害への対応に加え，サプライチェーンの維持が企業にとって重要な課題となっていることがわかる。さらに，従来よりもさまざまなステークホルダーが企業の防災や事業継続について関心を持っており，結果としてリスク情報の開示が進んだものと思われる。企業のリスクに対する見方も時代とともに変化していることがうかがえる。

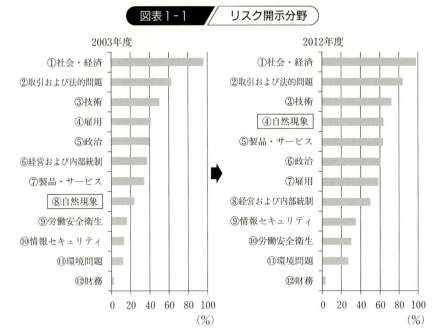

(出所) 野田（2016）。

3 強まるリスク情報と企業価値の関係

　次に，リスク情報と企業価値の関係について見ることとしたい。

　リスク情報に積極的な価値を認め，株価や資本コストの面などでプラスの効果をもつのかマイナスの効果を持つのかについて検討している研究は多数ある。たとえば，米国の研究で，Li（2006）は，日本での有価証券報告書にあたるForm10-kに記載されたリスク関連の開示量は将来の収益と負の関係があることを主張している。ここではリスク関連の記載はネガティブな情報としてとらえられている。

　これに対して，近時はリスク情報をむしろポジティブな情報として見る主張や，なんらかの有用な情報が得られるという主張も増えている。日本市場の研究で東京経済大学の金准教授は有価証券報告書における「事業等のリスク」の

開示が株主資本コストの低下につながることを実証した(金 2008)。米国市場の研究では，コネティカット大学のKravetらの論文(Kravet and Mulsu 2011)では，Form10-kでリスク関連のキーワードを含む文書数の変化と開示後の株式リターンの変動性，株式取引量の変化に正の関係があることを主張している。

また，ジョージア大学のCampbellらの論文(Campbell et al. 2011)では，リスク情報は売り値と買い値の差であるビッド・アスク・スプレッドを代理変数とした場合，投資家と経営者の情報の非対称性を減少させるが，個別証券と市場全体の連動性を表すリスク指標であるβ(ベータ)や株式のボラティリティを代理変数とした場合は，逆に情報の非対称性が増大する検証結果を導出している。このように，開示効果に関する研究の中で，リスク情報についての情報的価値がプラスの効果を持つのかマイナスの効果を持つのかについては必ずしも結論が出ていない。

そこで，日本企業の有価証券報告書におけるリスク情報の開示と企業価値の関係がこの10年でどのように推移しているのかを調べてみた。**図表1-2**はリスクに関するキーワード記載の有無とPBR(株価純資産倍率)の相関係数を見ている。2003年度のプラスの最大は0.06，マイナスの最大は−0.06であり，2012年度のプラスの最大は0.11，マイナスの最大は−0.05である。またPBRとプラスの相関を持つキーワードの比率が2003年度の21.4%から2012年度は55.7%に上昇している。

単純相関であるため，解釈の余地が残るものの，従来，リスク情報の開示はマイナスに評価される傾向が強かったが，2009年度以降，プラスに評価される場面が増えている(2008年度：20.0%→2009年度：52.9%)。リーマンショックや東日本大震災を経て，投資家などステークホルダーのリスクに対する認識に変化が現れている可能性がある。

図表1-2 リスク情報開示と企業価値の関係

年　度	2003	2004	2005	2006	2007	2008	2009	2010	2011	2012
最　大　値	0.06	0.10	0.08	0.08	0.08	0.08	0.09	0.09	0.10	0.11
最　小　値	−0.06	−0.08	−0.07	−0.03	−0.03	−0.03	−0.02	−0.03	−0.03	−0.05
プラス項目の比率(%)	21.4	28.6	24.3	27.1	25.7	20.0	52.9	50.0	62.9	55.7

第2章

新しいリスクマネジメント

- ▶ 現在,リスクマネジメントに関して,既存のフレームワークだけでは解決が難しい問題が発生している。その1つが,地震などの少頻度であるが一度発生すると大きな被害・影響をもたらすイベントである。
- ▶ 社会全体のレジリエンスを高めるには,産業界のみならず,政府や地方自治体といった公的部門,そして道路,エネルギー,水などのインフラ・ユーティリティ部門からなる3つの部門が分担と連携を図り,それぞれのレジリエンスを相乗的に高めていくことが必要となる。
- ▶ 事業環境の変化に対してどのように対応するかは,その影響を極限まで高めた状態を想定する必要がある。平時における事業環境の急激な変化に対しても,今までの方法論だけでは対応できない場合,BCPを中心としたリスクマネジメントの考え方が有効になる。

1 リスクマネジメントに関するこれまでの議論

リスクマネジメントについて,これまでの議論を整理しよう。

リスクマネジメントとは,経済産業省の「先進企業から学ぶ事業リスクマネジメント実践テキスト」(経済産業省 2005)によれば,「収益の源泉としてリスクを捉え,リスクのマイナスの影響を抑えつつ,リターンの最大化を追求する活動」と定義されている。また JIS Q 2001における定義では,「リスクに関して,

組織し管理する，調整された活動」としている。さらに米国の COSO　ERM（Enterprise Risk Management Framework）においては「事業体の取締役会，経営者やその他構成員によって実施される一連の行為（プロセス）であり，戦略設定において事業体横断的に適用され，事業体に影響を及ぼす可能性のある潜在事象を識別し，リスクをリスク許容限度（risk appetite）内に収めてマネージし，事業体の目的の達成に合理的な保証を提供するものである」と定義されている。

以上のようにリスクマネジメントの定義についてはそれぞれ幅がある内容となっている。これまでリスクマネジメントに関する諸説は，必ずしも多くの経営者・管理者が共有して理解する一般的なものとなっていなかった。この中で2004年9月に米国トレッドウェイ委員会組織委員会（the Committee of Sponsoring Organizations of the TreadwayCommission：COSO）が公表した COSO ERM は，以前に公表されていた COSO 内部統制フレームワークの概念を拡張し精緻化したものといわれている。そのため標準的な内部統制概念として各国に浸透している COSO 内部統制概念との親和性があり，有力なリスクマネジメントのフレームワークとなる可能性を持っている。

2　リスクマネジメントの新たなトレンド

現在，リスクマネジメントに関して既存のフレームワークだけでは解決が難しい問題が発生している。その1つが，地震などの少頻度であるが一度発生すると大きな被害・影響をもたらすイベントである。今までのやり方ではリスクの内容を特定し，それに対して対応する方法が取られている。しかしながらこのやり方では十分な対応が難しいことは次の例からもわかる。**図表2-1**は日本における3つの大地震における人的被害の状況を示したものである。いずれも大きな人的被害を出しているが，同じ地震でも被害が発生した最も大きな要因は，関東大震災が火災，阪神・淡路大震災が建物の倒壊，そして東日本大震災が津波とそれぞれ異なっている。同じ種類の災害であっても被害の発生要因は個々の事例により大きく異なるため，想定したシナリオどおりに対応ができる

第2章 新しいリスクマネジメント　9

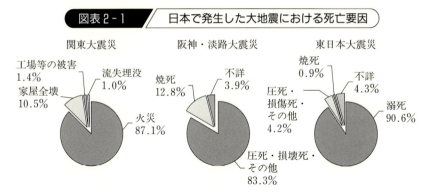

図表2-1　日本で発生した大地震における死亡要因

（注）　東日本大震災は平成24年8月31日現在。
（出所）　総務省消防庁ホームページ　東日本大震災記録集をもとに作成。

とは限らない。

　さらにこうしたイベントに対して個々の企業や組織が対策を実施するだけでは十分でないことも指摘されている。東日本大震災の発生にともなう倒産企業の分布を見ると（**図表2-2**），物理的な被害が大きかった東北地方だけではなく，ほぼ全国的に倒産企業が発生している。得意先や仕入れ先の被災による影響で自社の生産・販売が困難となるサプライチェーンのリスクが大きいことを示している。

　被害が地域的・時間的な広がりを持つ現在の状況においては，リスクの予測，特定，対応策をどんなに詳細に検討しても限界がある。以上のような状況を踏まえ，最近，「レジリエンス」という概念が登場した。産業競争力懇談会2012年度　研究会最終報告の中では「レジリエンス」について以下のように説明がなされている。

「東日本大震災，タイ洪水の発生そして今後発生が予想される首都直下地震，南海トラフ地震に対して，リスクが顕在化し社会システムや事業の全部あるいは一部の機能が停止しても，全体としての機能を速やかに回復できるしなやかな強靱さ（Resilience, 以下, レジリエンス）を維持する仕組みを，積極的に社会システムや企業経営の中に組み込むことが，国家や事業の競争力の強化にもつながる。」

　すなわち，レジリエンスとは，単なる防災や個々のリスクマネジメントの範

図表2-2　東日本大震災関連倒産件数

地方		倒産企業数（社）
東北	青森県	33
	秋田県	17
	岩手県	61
	山形県	45
	宮城県	134
	福島県	45
	小　計	335
北海道		82
関東		865
中部		185
近畿		89
中国		22
四国		15
九州・沖縄		105
合計		1,698

（2016年2月24日現在）
（出所）　東京商工リサーチ　震災から5年
　　　　「東日本大震災」関連倒産状況（2月24日現在）を参考に作成。

疇にとどまらず，BCPの要素である対応力，回復力を備えたもので，より広範な国家戦略，事業戦略の一環として位置づけられ，企業においては競争力の基礎となるものである。さらに報告の中では「社会全体のレジリエンスを高めるには，産業界のみならず，政府や地方自治体といった公的部門，そして道路，エネルギー，水などのインフラ・ユーティリティ部門も含めた3つの部門がお互いに分担と連携を図り，それぞれのレジリエンスを相乗的に高めていくことが必要である」としている。まとめれば，レジリエンスは産業界，公的部門，インフラ企業が実際的な面で連携できるしくみを構築する動きといえよう。

> **コラム 1**
>
> **日本の伝統的なレジリエンス**
>
> 日本には伝統的なレジリエンスが存在する。そのいくつかを紹介しよう。
>
> たとえば，岐阜県などにある輪中（わじゅう）では，水害の際の移動手段として軒下に小舟を設置している家がある。これは「上げ舟」とよばれている。また，高知県など各地に水害などの増水時に水面下に沈んでしまう橋が「沈下橋（ちんかばし）」とよばれている。沈下橋は増水時には橋として機能しない反面，増水時に橋の欄干などに漂流物が接触することで大きな被害が出ることを防げる点や，壊れても再建が容易であるという長所を持つ。さらに，洪水や高潮などの際に住民が避難する高台が「命山（いのちやま）」とよばれている。近年，人工的に設置されたものもあるが，もう少し広くとらえ，海から必ずしも離れていなくても，地形などさまざまな要因で安全な場所であり，昔から神社や集会場になっているところが多い。先人の知恵でそこまでは水が来ないことが伝承されている結果である。
>
> こうした事例は，災害が起こることは防げないものの，いかにその被害を最小限にとどめ，さらには復興をいかに容易にするかといったレジリエンスの考えに通じるものがある。

3 リスクマネジメントにおける BCP の位置づけ

近時はサステナブル経営，CSV（Creating Shared Value）など新しい概念も登場している。さまざまな社会的課題の解決が企業価値の向上につながるという CSV の考え方は共感する点も多い。一方で，現実的な生き残りを考えた場合は，議論の余地も大きく，危機への対応を前面に出したレジリエンスな経営という考え方が必要となる。本節では最初にレジリエンスな経営の中で重要な位置づけを占める BCP について，概要を説明したうえで具体的な事例を見ることで，その位置づけを確認したい。

(1) BCP とは何か？

2005 年 8 月に公表された内閣府の「事業継続ガイドライン」によれば BCP は次のように定義されている。

「企業は災害や事故で被害を受けても,取引先等の利害関係者から,重要業務が中断しないこと,中断しても可能な限り短い期間で再開することが望まれている。また,事業継続は企業自らにとっても,重要業務中断に伴う顧客の他社への流出,マーケットシェアの低下,企業評価の低下などから企業を守る経営レベルの戦略的課題と位置づけられる。この事業継続を追求する計画がBCP(Business Continuity Plan)である」(**図表2-3**)。

具体的な内容としては,バックアップのシステムやオフィスの確保,即応した要員の確保,迅速な安否確認などが含まれる。ここでいう継続とは,事前にリスクをなくし中断を一切なくすことではなく,事故や災害が生じた場合の事業への影響を許容レベル以下に抑えることである。

BCPは企業価値と密接な関係を持つといわれている。その理由は,BCPが以下の3つの特徴を持ち,経営戦略の重要な要素と位置づけられているためである。

第1に,BCPにおいてはどのようにして重要業務を継続していくかという視

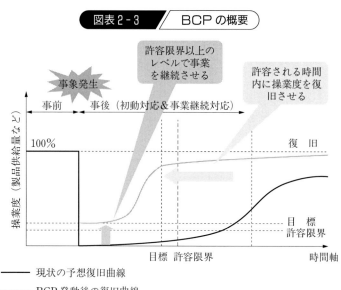

図表2-3　BCPの概要

(出所)　内閣府(2013)をもとに作成。

点が入るため，重要業務の選定や，目標復旧時間とレベル設定などが必要になる。原材料の調達先，製品の販売先，インフラの復旧など，自社の活動範囲のとどまらず，サプライチェーン全体を見て対策をとる必要がある。

第2に，BCPに取り組むことは，企業にとって損失の未然防止，被害の極小化，株主利益の向上，経営資源の効率的な配分を可能にするメリットを有している。その意味で単にリスク管理にとどまらず，能動的に企業価値の向上を目指す経営戦略として位置づけることができる。

第3に，BCPの効果はすぐには現れないことが多い。そのためBCPに取り組む企業は長期的な経営戦略を持ち，さらにいえば，そうした企業は社会的責任を意識している可能性が高い。

BCPの内容をまとめたものがBCP基本文書であるが，各社の業態やビジネスモデルによって形は異なる。**図表2-4**は文書例（目次）の1つをあげている。基本文書にはすべての内容が開示されることはあまりないが，各社の戦略によって一部や概要が開示される。ここで大切なことは，BCPはどう動くかという実際的なものであり，文章を作ることが究極の目的ではないことである。**図表2-5**は策定の手順を示したものである。BCPの特徴は企業のもつ経営資源（人，モノ，カネ，情報）を整理し，イベントが起きた場合の影響度を分析（ビジネスインパクト分析（BIA：Business Impact Analysis））し，ボトルネックの対応策を検討する。さらにBIAに基づいて事業継続戦略を決定する。在庫，同業他社との協定，重要設備の耐震化，生産設備の分散化といった戦略を時間軸とコストのバランスで選択する。また，取引先，サービス提供者との連携をとることで，災害時の復旧時間や優先度などを確認しておくことが大切である。

近時，企業の活動は買収，提携，撤退など非常に多岐にわたる。その際にもBIAの検討結果は有効である。各企業は買収や撤退に備え各事業の強み・弱みなどを検討している。しかしその分析は平時を念頭に置いており，有事を含めた分析とはなっていないことが多い。毎年のように大きなイベントが起こっている状況をかんがみれば，平時だけで企業の将来にかかわる判断を下すのは危険であろう。一方BIAでは，各部門の利害にとどまらない全体最適を考えて守らなければいけない企業の資産（価値）を判断する。そのためBIAは単に有事における対応のためだけではなく，平時においても経営判断にも大きな役割を

図表2-4　BCPの文書例（目次）

■BCP基本文書
Ⅰ．BCPの基本方針
　1．本BCPの意義
　2．本BCPのスコープ
　3．本BCPのトリガー
　4．被害想定
　5．初動参集体制
Ⅱ．BCPの本体部分
　1．事業の洗い出しとBIA
　2．重要事業とRTO（目標復旧時間）の設定
　3．重要事業のブレークダウン
　4．課題抽出（ボトルネック）と対策
　5．事前対応と責任部署
Ⅲ．PDCAのしくみ
　1．教育・訓練
　2．点検および是正措置
　3．経営層による見直し
Ⅳ．関連する事項
　1．地域との協調・地域貢献
　2．共助，相互扶助
　3．備蓄，救命機材，家庭における防災
　4．財務手当て
Ⅴ．様式（チェックリスト，電話番号等）
■マニュアル類
■参考情報

（出所）　内閣府（2013）をもとに作成。

果たすのである。

　また，災害発生後は，取引先，消費者，従業員，株主，周辺住民，自治体などと情報を共有することが重要である。企業活動が関係者から見えなくなる，何をしているのか全然わからないといった，いわゆるブラックアウトを防ぐための対策を講じる必要があり，そのためにも，事前に関係者と協議をしておくことが求められる。

　BCPの観点から，対外的な情報発信および情報共有の際に考慮すべき点として，①情報収集・伝達，広報体制の確立，②関係当局，周辺住民，サプライチェー

第2章 新しいリスクマネジメント 15

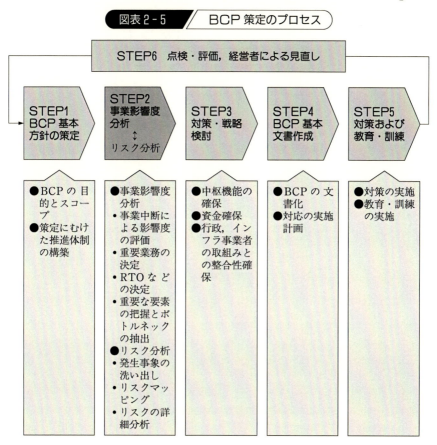

図表2-5 BCP策定のプロセス

（出所） 内閣府（2005）をもとに作成。

ンなど関係者との連絡体制の構築，③通信・情報連絡手段を十分に確保することがあげられる。

(2) これまでのリスクマネジメントに欠けている視点

リスクマネジメントにおいては，事業活動に影響を与えるさまざまなリスクを発生確率と損害額で整理することが多い。経済産業省（2005）では，**図表2-6**で示されるように，リスクを大きく4つに分類し，発生確率も損害額も大きい部分（Ⅰ）は，リスクの回避や低減に向け適切な対応をとる。発生確率は高いが

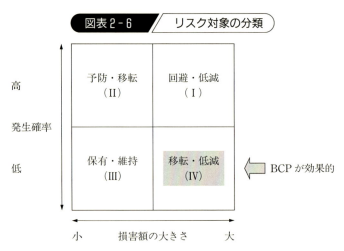

（出所）あらた基礎研究所（2009）一橋大学加賀谷哲之准教授の資料より作成。

損害額が小さい部分(II)は，発生防止に向けての予防措置をとる対策が中心になる。発生確率が少なく損害額も小さい部分(III)は，費用対効果の観点から自社でリスクを保有することが効果的である。地震リスクなどの発生確率は小さいが損害額が大きい部分(IV)は，保険等を利用してリスクを移転するか，防災投資によって発生の際の影響度を低減させる方策を打つ必要がある，としている。

また，リスクマネジメントは，オペレーショナルな対策であるリスクコントロールと，金銭面(損益，財務，キャッシュフロー)での対応策であるリスクファイナンスに大別できる。企業はリスクコントロールでリスクを低減し，それでも足りない部分に対してはリスクファイナンスの対応をとる必要がある（**図表2-7**）。

日本では，リスクマネジメントの範疇に自然災害などの防災の要素が大きくかかわっている。特に人命安全や資産保全に対してさまざまな処置を講じることに異論はない。しかし，ビジネスにおけるリスクマネジメントは防御を固めるだけでなく，市場環境に合わせてダイナミックな変化を遂げることも必要である。

図表2-7　リスクコントロールとリスクファイナンス

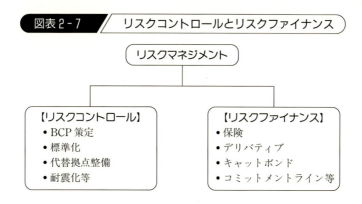

　たとえば製造業においても，ITなどの進化によりそのビジネスモデルは大きく変化している。そして，ビジネスモデルの変化が少ない時代に許された冗長性や代替性より，不測の事態が生じたときに，元通りに復旧を行うことにとどまらず，いかに変わっていけるのかという要素が重要になっている。もちろん公的機関やインフラ企業などのリスクマネジメントは，その社会的使命や市場を一定程度独占している状況により，相応のレベルが要求され，一般的な企業のリスクマネジメントとは必ずしも同じではない。しかしながら多くの企業においては，変化への対応力のほうがより重要になってきている。この点について，伊藤（2016）においては，事業環境変化が大きい企業と少ない企業で，事前対策と事後対応に違いがあることを説明している。

　既存のリスクマネジメントや経営論においても環境変化への対応は語られてきた。しかしながら自然災害をはじめとした少頻度で大きな損害をもたらすリスクへ対応するためには，イベントの影響を極限まで高めた状態までも想定しておく必要がある。多くの企業はこれまで効率化を図ることで生産性を向上させてきた。しかしながら，こうした取組みが部分最適な対応にとどまっている場合には，災害時など大きなイベントが起きた際に，大幅にラインを変更するといった柔軟な対応が難しくなる。最近の経済状況を見ると，平時における環境の急激な変化に対しても，これまでの方法論だけでは対応できない場面が増加している。そのためBCPを中心としたレジリエントな経営の考え方が有効になったのである。

既述のCOSO ERM（2004）は，内部統制の枠組みを発展させた全社的リスクマネジメントに関するフレームワークである。戦略，業務活動，財務報告，コンプライアンスの領域で事業活動に伴うリスクを管理しPDCAのサイクルをまわすことによって，経営者による目標を達成する組織を構築することを目標としている。ただしCOSO ERM（2004）においても地震，津波などの自然災害や新型インフルエンザなどの低頻度で大きな損害が予想されるタイプのリスクを管理することは容易ではない。その理由としては，①損害の予測可能性が低いため事前に被害想定が難しい点，②こうしたタイプのリスクでは自社の範囲を超えてサプライチェーンや地域との連携が必要になるため自社のコントロールだけでは十分な対応が難しい点があげられる。一方で，この分野ではBCPの考え方が効果的であると考えられる。

　さらに今までのリスクマネジメントは企業の持つ現在のハード，ソフト，組織などの生産施設・サービスをどのように守るのかという視点が強かった。しかしながら，企業が本当に守るべきは現在の生産施設，サービスそのものではなく，企業としての価値を提供し続けることである。したがってハード，ソフト，組織などの形が変わってもかまわない。たとえば，工場そのものを復旧させることが絶対の目的ではなく，自社の代替や他社からの供給であっても製品の供給が途絶えなければよい。さらに既存のリスクマネジメントは現在の価値を保全する視点で語られることが多い。しかしながら企業の事業活動は半年・1年で大きく変わることが多い。現在の体制をもとにリスクマネジメントを検討し，その検討に半年もかかっていたらすでに半周遅れとなってしまう。リスクマネジメントにおいては，企業の持つ現在の価値ではなく，将来の価値を保全することを考える必要がある。このためにはリスクを想定してから対策をとっていたのでは遅れてしまう可能性が高い。BCPの持つリスク内容に限定されない原因事象から考える方法論も1つの解決策となる。将来，解析技術や大量のデータ処理が可能になることで，さまざまな分野の被害想定はより精度が高まる。一方で企業の活動はビジネスモデルの複雑化や相互依存性の高まりによって想定外が減ることはまずないだろう。そのため現在の価値を守るだけではなく将来の価値をも守る必要がある。将来価値を守るためにはハード，ソフト，人材のあり方も大きくかかわってくる。これについて事業継続推進機構

(2016c)ではハード，ソフト，人材（スキル）の3点に対して一定の方向性が示されている。すなわちハードは想定外のリスクに対応するため，製造プロセスをシンプルにすることや標準化などがいっそう必要になる。現在のソフトは現在のビジネスを確実に実行するために組み立てられているが，それでは大きなイベントには対応できない。そこで統一化を図りながらも大胆な権限移譲によって有事にもオペレーションが機能するような体制が必要となる。さらに人材面でも想定外に柔軟に対応できる人材をいかに社内に増やすかが重要となる。

(3) BCPと防災

日本ではBCPが防災対策の一環で語られることが多い。そこでBCPと防災対策の関係について整理しよう。従来の防災対策とBCPには重なる部分も多いが目的や対象範囲などに違いがある。

まず目的に関しては，防災対策が生命安全・資産保全であるのに対して，BCPは重要事業の継続となっている。内容においては，従来の防災対策に加えてどのように重要事業を継続していくのかという視点が入るため，重要事業の選定や，目標復旧時間とレベル設定などがあげられる。

また，対象範囲は従来の防災対策では本社・工場など拠点ごとに行われていたが，BCPではサプライチェーン全体を見て対策をとる。したがって取引先や協力企業へBCPを求めることもあり，また逆に求められることもある。

さらにコストに関しては，防災対策の場合は業務に対して均一に付加されることが多いが，BCPの場合は重要事業への対策のレベルによって変わってくる。たとえば金融機関の決済業務など継続性が強く要請される業務の場合には，二重化を図るためコストが大きくなるが，復旧に1ヵ月かかってもかまわない業務であればその分コストは低く抑えられる。

このように，要請される復旧時間によってコストも大きく変わってくる。効果も，防災対策の場合は安全性・人道上の評価が大きいが，BCPの場合はビジネス上の評価や視点が大きくなる。方法としては，防災はリスクを想定して対策をとることとなるが，BCPの場合はリスクを特定せずに結果事象（従業員が参集できない，オフィスが2週間使用できないなど）から対策を考える必要がある（**図表2-8**）。

図表2-8　BCPと防災対策の比較

	防災対策	BCP
目的	生命安全・資産保全	重要事業の継続
内容	耐震・耐火・消火設備導入，転倒防止，備蓄，安否確認システム，防災訓練，避難，救助，二次災害防止　等	左記に加え ・重要事業の特定 ・目標復旧時間とレベルの設定 ・通常業務・運用への切替　等
範囲	・自社内における対策が主 （本社・工場等拠点ごとの対策も可）	・取引先等との関係も考慮した対策が必要（ビジネスフローごとの対策）
コスト	企業規模，部門の規模に比例	重要事業への対策のレベルによる
効果	安全性・人道上の評価が大きい	ビジネス上の評価が大きい
手法	リスク事象	結果事象

（出所）　内閣府（2005）をもとに作成。

(4) 管理会計との関係

　BCPは企業内のリソースを把握し，ボトルネックを発見して改善を図るアプローチをとる。その手法は管理会計とのつながりが深いことが考えられる。東日本大震災の際に管理会計がどのような役割を果たしたかについて，佐々木・岡崎・大浦（2015）は①震災発生後も管理会計によるマネジメント・コントロールは行われた，②管理会計の使われ方や重要性に平時とは異なる特徴があった，③復旧・復興期に特有の管理会計の役割があったことを明らかにした。

　さらに，岡崎（2016）においては，震災のような不確実性が高い状況におけるマネジメント・コントロールについて，目標を設定し業績をモニターし，それに基づいて評価を行う「成果コントロール」と特定の規範や価値観・理念を醸成することで，それから乖離した行動を抑制する「文化コントロール」の2つを取り上げ（Merchant and Van der Stede 2007），実態を分析している。その結果，復興段階では「成果コントロール」の使用が困難であり，「文化コントロール」が「成果コントロール」に代替することを主張し，有事におけるマネジメントの一端を明らかにしている。今後，管理会計に関する分野の研究が進展することで，BCPの中でも重要事業の選定やBIAといったプロセスがより精緻

に行われることが期待される。

> **コラム2**
>
> **保守主義とリスクマネジメント**
>
> 　会計における保守主義は，予想にとどまる利益は認識しないが，発生可能性の高い欠損は認識する方法で600年以上にわたって提唱されている重要な原則である。保守主義は，企業の信用リスク，倒産リスクを低減するなど，さまざまなリスク低減機能を有していると考えられる。その意味で保守主義はリスクマネジメントの一端を担ってきたといえる。
>
> 　一方で，近時，国際会計基準審議会では，保守主義の考えが後退していると思われる提案をしており，保守主義をめぐる議論がリスクマネジメントに影響を及ぼす可能性がある。

4　BCPは機能したのか？

BCPが東日本大震災などでどこまで有効であったのであろうか。その実態面についてみていこう。

(1) BCPを開示することの効用

BCPに関する情報を開示することは，さまざまなステークホルダーの行動にプラスの影響を及ぼすことになる。BCPを開示している企業は，BCPの策定に取り組み，その体制をステークホルダーに開示することで当該企業の信頼を高めようとしていると考えられる。企業とステークホルダーとの間に情報の非対称性が存在する際には，エージェンシー問題や訴訟リスク等の不利益が存在することから，企業は情報の非対称性を解消するインセンティブを有している。

加えて企業は社会的責任という観点から，従来からいわれている株主との情報の非対称性以外にも取引先や従業員との関係性も考慮する必要があり，これらのステークホルダーも開示に影響を与える可能性がある。もちろんBCPの開示のために，リスクに関連する情報を開示する危険性や情報収集等の追加の

コストが発生するが，そうした状況の中でも，近時はサプライチェーンにおける環境問題や安定的な調達等への要求が強まっており，企業としては一定の対応が不可欠な状況になる。そのためコストを上回る価値をBCPの開示に見出している可能性があり，取引先との連携強化を図るためBCPの開示を行う可能性が考えられる。

(2) 現場の対応力強化

BCPの演習といっても製造ラインを止めてまで検証を行うことは難しい。したがって実際の局面ではBCPありきで行動するのではなく，BCPはその場の判断を補助する機能が大きく，最終的にはBCPを現場の対応力まで高めることが重要である。

阪神・淡路大震災の経験を踏まえて，時系列にどのようなことが起きるのか，それに対しいかに対応するかについてイメージができていたため成功した企業がある。ペットボトル飲料の不足に対して同業他社は海外から大量に調達したのに対し，当該企業は需要量・安全性といった顧客ニーズ等の観点から国産での対応が可能と判断した。結果的にその後の需要の推移に照らし適切な対応であった。

現場の対応力に関して，(3)チェックリストと(4)安否確認システムについてふれておこう。

(3) チェックリストの効用

東日本大震災ではボリュームのある手順書がすぐには取り出せず，使いづらい部分があった。その経験を踏まえ，1から10まで手順を細かく設定する書面ではなく，必要な情報をA4サイズぐらいにまとめたチェックリストのほうが有用である。

(4) 安否確認システムに頼りすぎない

連絡手段の確保は重要な問題であり，衛星電話の導入など複数の連絡手段の確保や社員の安否確認に携帯メール等を使った安否確認システムを導入する企業も多い。安否確認システムについては，東日本大震災でもサーバーの容量オー

バー等から返信が到着するまでに相当の時間がかかった。また，携帯電話が停電によって利用できなくなるケースも頻発した。携帯電話の基地局を支える非常用電源も一般的には長時間の準備はなされていない。想定される首都直下地震のようなケースではいっそう大きな障害が多数発生する可能性がある。安否確認システムをベースにしつつ，代替手段も含めて複数の手段で最終的な確認を図ることが現実的な解決策であろう。

(5) サプライチェーン問題の実態

東日本大震災を受けて，BCPの観点からサプライチェーンの上流まで把握するという議論がなされている。情報をより正確に把握することが初期の段階でリソースを確保することにつながる点では，上流までさかのぼって把握を行うことは重要である。少なくとも重要な商品について管理を強化するという企業はある。一方で，取引先に対してその先の情報提供を要請しても，取引先同士の関係を考慮し情報を開示したがらない企業もある。また主要な商品についてすでに複数購買等の対応はしていたが，東日本大震災では汎用品の一部（たとえばマークのついたボトルのキャップ）が調達できないため販売に支障がでた企業もあった。このようにすべてのサプライチェーンを把握しても，次の対応で打てる手は限られている。したがって，サプライチェーンの把握を進めながら難しい部分は在庫で対応するといったバランスを確保することが重要である。

通常業務へBCPの要素を折り込み，ビジネスラインをシンプルにすることで環境変化に柔軟に対応できる体制の検討も重要となる。こうした取組みは事業継続性と効率性という，従来はトレード・オフの関係にあったものを両立させようとする戦略である。

(6) 想定の見直し

東日本大震災では津波被害やエネルギーの確保，計画停電など従来の想定を超えた事態が発生した。そのため想定の見直しを検討している企業が多い。中でも津波被害の想定見直しは急務となっている。多くの企業では南海トラフ地震などに備え行政が公開している被害想定や対応指針をベースに，企業の被害レベルや対応計画を決めている。行政の被害想定の見直しが進む中で大幅な改

善が今後必要となろう。

(7) サステナブルな BCP

　BCP を策定する際にビジネスモデルの可視化が図れることで，早い段階でのリスク対応が可能となり，予期せぬ損失の増大を防げる可能性が高まる。各地で発生した地震による被害を経てある自動車関連メーカーでは在庫の積み増し，重要部品の二重購買，部品の仕様の統一といった検討がなされたが，それが見える化を通じた在庫の適正管理，柔軟な設計変更による生産の効率化につながっていく可能性もある。

　BCP は単に「備え」としてのリスク管理活動にとどまらず，業務プロセスの見直しなどにつながるケースが少なくない。そうした意味で，BCP への取組みは，有事ばかりではなく，平時にもその効果を実現できる可能性がある。一方で，BCP を実践することは長期的な企業価値の向上につながるとしても，短期的にはコスト増になり，効果を実感できないという声も多い。したがって BCP を着実に進めていくためには，BCP の実践を本業の中に位置づけ，平時の業務の効率化やプロセス改善につなげることが必要となる。BCP を「備え」として扱うのではなく，イノベーションを維持する仕組みとして位置づけることが重要である。

　特定部材の汎用品への置き換えは，BCP の観点から有力な手段であるが，競争力・製品差別化の観点から，顧客ニーズと合わせて検討する必要がある。単純なリスクヘッジのための供給・調達の複線化は，コスト面から容易ではない。一方，各地の消費地が成長することで海外生産拠点が増加することは自然な流れである。部材の現地生産・調達といった現地で裾野産業が拡大することで，生産拠点は分散化する結果，万が一特定地域で生産が不能になる事態が起きたとしても，拠点間で製品・部材の融通を図れる可能性がある。需給・為替変動への対応として，生産設備の円滑な移転が図れれば，それはすなわち事業継続への対応にもなる。

　さらに BCP は個別のリスクシナリオに対して作るものではなく，事業を継続するためのものとして幅広い活用が可能になる。インフルエンザ対策のための自宅勤務体制の整備や，安否確認システムも，物理的なダメージへの対応だ

けでなく，情報のプラットフォームになり，在宅勤務の連絡などにも活用できる。

以上のとおり東日本大震災などにおいてBCPがどのような機能を発揮したかを見てきたが，多くの場面で事業継続に対する可能性が示されたものの，実行性を得られなかったケースも多く発生した。この点をどのように改善するべきかは第3章以降で見ていきたい。

BCP策定に向けての方策

BCPの策定促進のために2005年8月に事業継続ガイドラインが策定され，その後2回の改定を経て現在は第3版となっている(**図表2-9**)。ガイドライン策定・改定を経て，BCPの策定率自体は向上している。内閣府の「企業の事業継続及び防災の取組に関する実態調査」によれば，大企業の中で「策定済み」と回答した企業の比率は2007年度の18.9％から2015年度は60.4％に上昇している。その部分では相応の成果をあげていると思われる。第3版では幅広いリスクへの対応，サプライチェーンの把握さらに経営者が関与することの重要性が強調された内容となった。経営者の的確な判断とリーダーシップが不可欠であるが，それに加えて，事業継続の取組みを社内へ浸透させることができれば実行性を高めることにつながる。

図表2-9　事業継続ガイドライン改定の経緯

版	策定時期	目的	策定・改定の経緯
第一版	2005年8月	企業における災害時の事業継続計画（BCP）の策定促進	「民間と市場の力を活かした防災力向上に関する専門調査会」（中央防災会議に2003年9月設置）において取りまとめた「民間と市場の力を活かした防災戦略の基本的提言」（2004年10月）にBCP策定の重要性を謳い，その普及促進のため本ガイドライン第一版の策定が決定した。
第二版	2009年11月	ガイドラインの実用性向上	「事業継続計画策定促進方策に関する検討会」において検討を行い，下記のとおり，改定を実施した。 1．他のガイドラインとの相関関係の明示 2．企業の規模や業種・業態を問わず一般的に適用可能であることの明示 3．事業継続の取組みが有効なビジネスリスクを対象としていることの明示 4．発展・定着につながる点検・是正処置の重視 5．目標復旧時間と不可分な目標復旧レベルが存在していることの明示
第三版	2013年8月	企業における平常時の事業継続マネジメント（BCM）の普及促進 災害教訓，国際動向等の反映	「事業継続計画策定・運用促進方策に関する検討会」において検討を行い，下記のとおり，改定を実施した。 1．平常時の取組みとなるBCMの必要性の明示，および関連内容の充実 2．幅広いリスクやサプライチェーン等を踏まえた観点の重要性，およびそれらに対応し得る柔軟な事業継続戦略の必要性の明示 3．経営者が関与することの重要性の明示

（出所）　内閣府（2013）より作成。

> コラム3

策定を進める工夫

BCPの策定には時間と手間がかかるため，企業によっては策定が必ずしも進んでいない。そのため以下のような工夫を図っている事例がある。

① 港湾企業のケース

経営計画の改定を志向したものの，いきなり改定をすることは困難であったことから，その前段階としてBCP策定からスタートした。最初にすでにあった防災マニュアルを統合し，そこにBCPを追加して全体の体制を整えた。さらに翌年から訓練を実施することに加えて，地域の中堅・中小企業を巻き込んでセミナーを開催して，港湾地域全体の事業継続能力を高める取組みを進めている。

② ビル管理会社のケース

自治体による津波被害想定の大幅な見直しによって，自社の防災・事業継続体制の見直しが必要となった。その際にBCPの策定だけを実施することはすぐには社内の理解が得られなかったため，ビジネスの流れを見える化することで，内部管理や担当者交替の際にも活用ができるものとした。その結果，各部門の協力を取りつけることができた。初年度はBCPの本体部分を策定し，翌年から詳細なマニュアルの策定を進めている。加えてテナントとの間でBCPの内容を調整することでその実効性を高めている。

③ CATV会社のケース

CATVの業界では統合や再編が進んでおり，いくつかの企業を傘下に収めるホールディング企業も生まれている。ホールディング企業の役割として，会社の経営資源を有効に分配・活用することがあげられる。BCPの策定を行うことは，連携のシナジーをいっそう引き出すことにつながる。傘下の企業が保有している資産を緊急時のバックアップに使用することや，支援のための要員を派遣することが主な内容となる。

リスクマネジメントの実際

第3章　進化するBCP
第4章　訓練で目指すべきポイント
第5章　連携によるリスクマネジメントの新たな展開
第6章　注目を集めるレジリエンス

第3章 進化するBCP

Point
- ▶BCPは代替を中心とした戦略だけでなく，環境変化への対応力向上といった視点でとらえることも重要である。
- ▶IT関連のさまざまなサービスの登場は，事業継続性を劇的に改善する可能性を有している。
- ▶BCPが企業にとって重要なのは間違いないが，策定率を向上させるため，必要以上に負担を強いることはかえってマイナスの効果を生みかねない。

1 環境変化への対応が鍵を握る

　BCPは代替を中心とした戦略だけでなく，環境変化への対応力向上といった視点でとらえる考え方が出てきた。その具体的な事例として，大手コンビニチェーン，ローソンの取組みをあげることができる。
　ローソンでは，災害マニュアルとBCPを区別している。BCPは企業の将来像を踏まえ環境変化に対応して事業を継続するために，システムの弱いところを強化するためのものとしてとらえられている。毎月行われる社内のBC（事業継続）小委員会で業務リスクを洗い出し，リスク管理上必要な項目を抽出して各部署に対応を発表させる。危険な項目を指摘し，それに対して訓練を実施したあとで，その結果を災害マニュアルに反映させる。

また，配送センターの設置に関して，阪神・淡路大震災の後いったん分散をさせる方針をとったが，その後配送効率が悪いなどの理由で，現在は海岸に近い施設に関しては高台に移設しながら，順次余力の大きいセンターに移行している。コストと冗長性のバランスをとりながら事業継続力を高めている状況がうかがえる。

　そして同社コンプライアンス・リスク統括室兼情報セキュリティ統括室の吉田室長は以下のように述べている。

　「私たちは，常に環境変化に対応するビジネスをやっているので，当たり前のように臨機応変に対応する力が身についています。実際，そうしないと収益を上げていけません。社員の生活を維持すること，そして，加盟店・フランチャイズのオーナーさんの利益を上げ続けることが私たちの仕事です。そこが常に基本なので，災害対応も環境変化への対応と同じ考え方をすれば良いと考えています。」

　試行錯誤を繰り返しながらも，環境変化への対応力向上という視点で災害対応を含めた幅広いリスクをコントロールしている事例と考えられる。

2　期待されるITの活用

　近年，ITの発達によって従来にはなかった新しいサービス登場している。東日本大震災の発生直後，電話回線を通じた通話が著しく制限される中でも，インターネットを通じた情報は広く共有されることで避難・復旧活動に大きく貢献した。具体的な例として，経済産業省「有事におけるIT活用策について〜東日本大震災の経験から見えてきたこと〜」では，災害発生直後の情報提供のためのサービス手段として以下の事例が紹介されている。

◆ポータルサイト事業者は，地震や津波・避難所やライフライン・電力需給・原発・募金情報など，被災者支援情報等をまとめた特設ページを地震発生後速やかに開設した。

◆電話による通話が制限される中，Googleは安否情報を検索・登録・閲覧するた

めのツール「パーソンファインダー」を被災後2時間で開設した。NHK等とと
　　もに安否情報確認手段の柱となった。
◆携帯電話事業者が災害用の伝言板サービスを開設した。

　これ以外のITを活用した事例として，ヤフー，楽天，アマゾンなどEC（電子商取引）サイトを運営する事業者は，自治体とも連携しながら，被災地の支援物資のニーズとユーザーの支援申し出とのマッチングを実施した。Googleは，ホンダが保有しているプローブデータ（車に装備されているさまざまなセンサーから得られるデータ）を活用し，道路状況に関する情報を一覧できるサービスを開始した。さらに，ポータルサイト事業者が東京電力が公表した情報を用いて計画停電や電力使用状況に関する情報をユーザーが利用しやすいように整理して提供した。以上のようなケースが紹介されているが，こうしたさまざまなサービスは災害後の復旧を効果的に支援するツールとして今後さらなる活用が期待される。

　またITそのものではないが，燃料電池を活用する事例として，災害発生時に燃料電池バスが現地で発電を行うことで，避難所の照明や家電製品を稼働させることが可能になる。オペレーションや利便性の向上だけでなく，被災者が受ける精神的・肉体的なダメージを緩和することも目指している（新エネルギー導入促進協議会 http://www.nepc.or.jp/topics/pdf/150330/150330_49.pdf を参考にした）。

　さらに今後，AI（人工知能），クラウドコンピューティング，ビッグデータなどIT関連のさまざまなサービスの登場は，事業継続性を劇的に改善する可能性を有している。

3　IT部門のジレンマ

　企業などの情報システムは，災害時においても事業の継続が最も求められる。そのために情報システムを継続・復旧させるための手順を定め，実際の行動計画を策定し，さらに適切な行動をとるための事前訓練や教育を実施する必要が

ある。しかしながら，現場の業務部門と情報連携や確認を行わずに，IT部門が単独で実施している事例が散見された（内閣官房情報セキュリティセンター（2013）「IT-BCP策定モデル」）。さらに業務部門との連携をとらないでIT部門が単独で計画を進めた結果，現実にそぐわない計画になっているケースがある。またITを動かすための非常用の電源の確保ができていないと，実際には計画が実行できない危険性をはらんでいる。IT部門は，業務部門や管理部門と連携をとりながら事業継続の体制を構築していく必要がある。

4 目標復旧時間に対する考え方

　内閣府のBCPガイドラインによれば，目標復旧時間（Recovery Time Objective：RTO）とは「重要な事業に必要な各業務（重要業務）について，どれくらいの時間で復旧させるかを決める。そして対外的にも説明する自社として最終決定した目標復旧時間や目標復旧レベルは，一種の公約で実現できるものでなければならないため，実施可能性を見極めてから経営判断で決定する」としている。

　RTOは本来的には達成可能でコミットともなるべきものであるが，実際には現在のリソース（経営資源）をベースにすれば達成は困難なケースが多い。つまり，企業経営にとって許容され得る重要業務の（最長の）中断時間（Maximum Tolerable Period of Disruption：MTPD）より本来，短い時間でなければならないが，現実的にはそうなっていない。対取引先への説明には，現在のリソースに基づいて現実的に達成可能な時間を表示しているケースが多い。その場合，企業は本来の意味でのRTO，つまりMTPDより短い時間を早期に達成する必要がある。

5 BCP策定率を向上させる意味は？

　国が2010年に定めた「新成長戦略」実行計画（工程表）において，2020年まで

の目標として,「大企業のBCP策定率:ほぼすべて,中堅企業のBCP策定率:50%」が提唱されている。確かにBCPの策定を進めることは重要である。しかし,BCPの内容は企業により大きく異なる。サプライチェーンの中核にある企業や,インフラを支える企業とそれ以外の企業とでは,自ずと内容が異なってくる。極端な言い方をすれば,フルラインのBCPが本当に必要な企業は限られているともいえる。BCPが企業にとって重要なのは間違いないが,策定率を向上させるため,すべての企業に必要以上に負担を強いることはかえってマイナスの効果を生みかねない。

6 BCPは何を評価すべきか?

　BCPの評価は外部からその企業の継続能力を見るうえで,内部からは自社の継続能力を把握するうえで重要である。しかしながら,BCPの評価は容易ではない。評価指標の設定を誤ると,むしろ逆効果になりかねない。
　現状では,多くの企業がBCPの考え方に対する認識はまだ低く,対応が十分でないところも多いため,評価指標を示して促進していくことには意味がある。一方で,一部の対応が進展している企業には指標の設定は慎重に検討することが必要である。
　BCPの要素として,バックアップ対策が考えられる。バックアップを万全にした場合,ビジネスモデルや生産ラインが不変であればその効果は大きい。インフラ企業やビジネスモデルがあまり変わらない業界においてはその対策が適している。一方で,ビジネスモデルや生産ラインの変化が早い業界では,万全なバックアップを行ったため,それを活用したい,守りたいという意識が働き,むしろ足かせになる可能性がある。したがって,業界によってバックアップが大切な業界とバックアップは最低限にとどめ,変化への対応を重視する業界を区別することが重要である。
　図表3-1は日本自動車部品工業会の事業継続ガイドラインにあるチェックシートである。このチェックシートは数多くの自動車部品企業・完成車メーカーへのヒアリングなどを通じて,そのエッセンスを集約したものである。そのた

第3章　進化するBCP　35

図表3-1　日本自動車部品工業会事業継続ガイドラインチェックシート

	NO.	項目	Check
リスクの把握	1	自社の製品の原材料、部品などを調達している取引先の生産拠点などの情報を把握している。	☐
	2	自社の取引先の主要な調達先（素材メーカー等）を把握している。	☐
リスクの分散	3	原材料、部品などの調達先が特定のサプライヤーや地域に依存しないよう、調達の分散化を図っている。	☐
	4	生産ラインの拠点分散化、供給体制の分散化に取り組んでいる。	☐
	5	本社が被災した場合を想定して、本社機能を代替する拠点の構築に取り組んでいる。	☐
防災・減災	6	東海地震、首都直下型地震などの災害を想定して、施設や設備等への被害に関する具体的なシミュレーションをしている。	☐
	7	緊急避難訓練や帰宅困難者対策など、従業員とその家族の安全・安心を優先した取り組みを実施している。	☐
	8	建物の耐震化、配線、配管等の補強などの対策に取り組んでいる。	☐
	9	設備の固定化、浸水防止などの対策に取り組んでいる。	☐
	10	金型等の図面データの二重化、サーバー等の耐震化などの対策に取り組んでいる。	☐
マネジメント体制と非常時対応	11	経営トップが直接関与する事業継続の体制が構築されており、訓練等を定期的に実施している。	☐
	12	自社製品の供給に深刻な影響を及ぼす緊急事態が発生した場合、事業を継続するための行動基準（指揮命令系統や権限代行順序）やマニュアル等が取り決められている。	☐
	13	緊急事態の際には、速やかに対策本部を立ち上げ、復旧作業を指示したり、関係機関との連絡・調整が行えるようになっている。	☐
	14	緊急事態の際にも、自社の製品生産に関わる情報資産（データ、図面、工程表等）にアクセスすることができるようになっている。	☐
	15	緊急事態の際の、取引先や顧客との連絡・調整の方法や協業・支援に関する事項が予め取り決められている。	☐
	16	非常事態を想定した輸送ルートや燃料調達等について、自社内もしくは物流業者との間で具体的な検討が行われている。	☐
	17	一般回線や携帯電話網が自然災害等により使用不可能になった場合でも、自社の拠点間で通信・連絡できる手段がある。	☐
	18	停電した場合を想定して、非常用発電機等による必要最低限の電源を確保している。	☐

Checkの数	評価の目安
0～6	このままですと、有事の際にサプライヤーとしての供給責任が果たせません。早急に各種対策を実施する必要があります。
7～13	取り組みを高度化する余地があります。事業継続の観点やリスク分散の観点からの対策を着実に実施してください。
14～18	高度なレベルで取り組みが行われています。関係企業等との協議の上、さらなる改善に取り組んでください。

（出所）　日本自動車部品工業会「BCPガイドライン」より引用。

図表3-2　サプライチェーンリスクの考え方

	生産拠点が複数	生産拠点が一箇所
素材・生産工程が汎用		
素材・生産工程が特殊		リスク（高）

（出所）　日本自動車部品工業会「BCPガイドライン」より引用。

め取組みが進んでいない企業には気づきや改善のヒントとなる場合が多い。一方で相応に対策が進展している企業においては，すべての対策項目が必ずしも有効になるわけでない。特にレベルの高いゾーンでは費用対効果のようなトレード・オフの問題が大きくなるため，評価項目として先進的な取組みをどこまで要求するかを慎重に見極める必要がある。

自動車部品工業会のガイドラインには，いくつか示唆に富む指摘がなされている。

サプライチェーン上のリスクを把握するための手段として，**図表3-2**のようなマトリクスで調達材料を分類する。生産拠点が1ヵ所で，素材・生産工程が特殊なゾーンに入るものを最もリスクが高い材料としてとらえ，この調達材料への対応を最優先させる戦略を立てることができる。

コラム4

BCPにどれだけお金をかけるのか？

業務の中断を減らすためには事業継続のための投資が必要になる。しかしながら自然災害などのリスクにコストをかけることは，一般的に低い確率の事象に対してコストをかけることになる。したがって，どこまで対応するのかは業界・企業によって当然異なる。自動車業界であれば対応できるが，他の業界では難しいというケースが当然発生する。業界の製品サイクルが短い業界ではBCPの体制を十分にすることが，かえってイノベーションの遅れを招き，最終的には競争力が削がれてしまう。そのような業界ではイベントが起こった後の対応力に重点を置くしかない。

ライフラインの復旧に関する想定には，何を考慮すべきであろうか。復旧期間が長引いた場合を想定して，自家発電設備を導入すべきであろうか。現実問題として，生産ラインを稼働させるために必要な出力を有する大型の自家発電設備は非常に高価である。そのため導入できる企業は限られる。東日本大震災の場合は，電力は早い地域で2日目から，宮城県内では10日目には全戸の90%への電力供給が回復した。こうした実績を踏まえ，復旧期間を想定して自社の復旧計画を立案すべきであろう。

7 第三者認証の効果と限界

マネジメントシステムの作成を行っている英国規格協会（BSI：British Standard Institute）が2007年にBCPの第三者認証規格であるBS25999を公表した。日本でもBS25999の発行を受けて，2010年3月より日本情報経済社会推進協会（JIPDEC）は事業継続マネジメントシステム適合性評価制度の運用を正式に開始した。

また，2006年4月に米国規格協会（ANSI）によって，BCPのISO規格化に向けた提案がなされた。その後，ISOの専門委員会（TC223）や各ワーキンググループでの検討を経て，国際規格（ISO22301：社会セキュリティー事業継続マネジメントシステム）として，2012年5月に正式に発効した（**図表3-3**）。グローバル展開をしている企業などを中心に取得が行われているが，JIPDECによれば，2016年11月現在で認証取得は92組織にとどまっている。

BCPの認証制度へのニーズは高まってきているものの，品質分野のISO9000シリーズや環境分野のISO14000シリーズに比べると普及のスピードは早くはない。これは品質や環境分野が定量的に企業の対応レベルを把握しやすいのに対して，BCPの場合は，事業の継続性を定量的に測定することが容易ではなく，ステークホルダーへの要求に応えることが難しいことも影響していると思われる。

ところで，リスクマネジメント手法全般については，2009年11月にISO31000が発行されている。ISO31000は組織レベルのリスクマネジメントの考え方を示

図表3-3　ISO22301の概要

第1章	適用範囲		
第2章	引用規格		
第3章	用語および定義		
第4章	組織の状況	4.1	組織とその状況の理解
		4.2	利害関係者のニーズおよび期待の理解
		4.3	事業継続マネジメントシステムの適用範囲の決定
		4.4	事業継続マネジメントシステム
第5章	リーダーシップ	5.1	リーダーシップおよびコミットメント
		5.2	経営者のコミットメント
		5.3	方針
		5.4	組織の役割，責任および権限
第6章	計画	6.1	リスクおよび機会に対応するための処置
		6.2	事業継続目的および達成計画
第7章	支援	7.1	資源
		7.2	力量
		7.3	認識
		7.4	コミュニケーション
		7.5	文書化した情報
第8章	運用	8.1	運用の計画および管理
		8.2	事業影響度分析およびリスクアセスメント
		8.3	事業継続戦略
		8.4	事業継続手順の確立および導入
		8.5	演習および試験の実施
第9章	パフォーマンス評価	9.1	監視，測定，分析および評価
		9.2	内部監査
		9.3	マネジメントレビュー
第10章	改善	10.1	不適合および是正処置
		10.2	継続的改善

(出所)　日本規格協会発行ISO22301：2012邦訳版より作成。

し，そのプロセスを標準化したものとなっている。ISO31000は，その他のマネジメントシステムと整合的な内容になっているため，マネジメントシステムに慣れている企業には導入しやすい。その中で事業継続への対応はISO22301を利用することになっている。

これ以外に2009年度より国土交通省関東整備局が「建設会社における災害時の事業継続力認定制度」を導入した。これは建設会社が備えている基礎的事業継続力を関東地方整備局が評価し，適合した建設会社に対して認定証を発行するものである。その建設会社名を公表することによって，BCPの策定を促進することを目指している。

また，政府の内閣官房国土強靱化推進室では，事業継続に関する取組みを積極的に行っている事業者を「国土強靱化貢献団体」として認証する制度を創設し，2016年4月にスタートさせた。認証を受けた団体は，認証組織が定める「レジリエンス・マーク（仮称）」を商品，広告等に用いて「国土強靱化貢献団体」であることをPRすることや，その他のインセンティブ措置を受けることができる（一般社団法人レジリエンスジャパン推進協議会ホームページ）。

事業継続などのリスク分野に対する第三者認証には，その効果を疑問視する向きもある。つまり，実際の訓練などを通じて，その効果を測定しなければ改善は図れないということである。確かにISO9000シリーズやISO14000シリーズの品質や環境分野のようにPDCAで日々改善を図るようなわけにはいかないであろう。しかしながらこうしたマネジメントシステムと本当に現場での効果がすぐに発揮できるかどうかは次元が違う部分もある。マネジメントシステムは，組織内の意識づけを図り，共通の用語の利用することで全体の底上げを図るものである。さまざまなマネジメントシステムとも共通であることから，取組みが容易となる。さらに対外的な説明材料にもなる（もちろんこれだけではリスクマネジメントが進展したとはいえないが）。したがって，マネジメントシステムと本当の意味でのリスクマネジメントレベルの話は，その目指すべき効果の段階・時間軸が異なっていると考えられる。

コラム5

危機の際に司令塔となる中央省庁の対応

ここまではBCPについて，一般の企業の話を中心に進めてきた。一方で，危機の際に中央省庁は司令塔として異なる役割を担う。首都直下地震が発生した場合には，膨大な人的・物的被害が発生するとともに，日本の首都中枢機能に障害を与え，日本全体の国民生活および経済活動に甚大な影響を及ぼすおそれがある。そのため，中央省庁業務継続ガイドラインでは，それぞれの業務内容については以下のように規定した（下記図参照）。

◆中央省庁は地震発生後における国家的判断や広域的調整の中心的役割を果たす組織であり，発災後，直ちに災害応急対策業務を開始する。

◆被災状況に応じて速やかな実施が必要となる他の緊急業務（災害復旧・復興業務の一部や発災後新たに発生する他の緊急的業務）に着手することが必要である（災害応急対策業務および被災状況に応じて速やかな実施が必要となる他の緊急業務を合わせたものが「応急業務」）。

◆首都直下地震が発生した場合，発災地が首都地域であることから中央省庁も被災することが予想されるが，中央省庁は，平常時から国家機能，国民生活および経済活動等に係る重要な業務を担っている組織でもあることから，被災した場合でも，一定範囲の通常業務はその継続が強く求められる。

中央省庁には，応急業務および継続の必要性の高い通常業務（「非常時優先業務」）について，業務継続のために必要な資源が適切に確保されていることが求められる。

●応急業務と非常時優先業務の概念図●

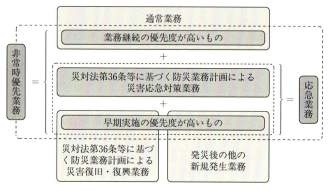

（出所）　中央省庁業務継続ガイドライン　第1版～首都直下地震への対応を中心として～　2007年6月　内閣府　防災担当。

第4章
訓練で目指すべきポイント

- ▶経営層は意思決定の訓練への参加は必須である。さらに，トップは必ず参加する必要があることをあらかじめ規定しておくとよい。
- ▶訓練ではどのような被害想定で，どこまで要求するのかという対応関係を明確にしたうえで実施することが重要である。
- ▶訓練では問題なく終了するより，むしろ１つでも多くの課題を見つけ出し，次の改善につなげることが大切である。

1　主要な訓練プログラム

　主要な訓練プログラムは**図表4-1**のように多岐にわたる。全員参加型の訓練か担当者のみの訓練か，動作確認の訓練か判断力を向上させるための訓練か，机上訓練か実際の行動を伴う訓練かなどに分かれる。その組織が置かれている状況をみながら，その目的にあわせて訓練の内容を選択していく必要がある。消防訓練，避難訓練，連絡訓練，参集訓練は実際の行動を伴うものである。それに対して図上訓練は机上で行動をシミュレーションする形をとる。図上訓練には事前に何が起こって何をするのかといったシナリオが知らされているシナリオ提示型図上訓練と事前にはシナリオが知らされず，さまざまな状況が与えられるなかで判断力を養う目的で行われるシナリオ非提示型図上訓練に分類される。連絡訓練や図上訓練ではすべての人が参加することは難しい内容もあり，

図表4-1　主要な訓練内容

種　類	概　要
消防訓練	初期消火活動，消防署への連絡など
避難訓練	施設外への避難訓練，職員・来客の誘導
連絡訓練	取引先，サービス提供先への連絡，必要な情報が，時間内に正確に伝達されるか。代替の連絡手段が使用可能かを確認，安否確認システムなどを使って職員の安否を確認
参集訓練	就業時間外における就業場所への参集，通常の交通手段が使用できない場合のオフィスへの参集，代替オフィスへの参集
シナリオ提示型図上訓練	防災，事業継続に関して，定められたオペレーションが確実に実行できるのかどうかを確認
シナリオ非提示型図上訓練	防災，事業継続に関して，事前に知らされていないさまざまな状況が与えられるなかで，判断を行う

（出所）　中央省庁業務継続ガイドライン　第1版などを参考に作成。

その場合は関係部門を中心に訓練を実施する。

　訓練に関して気をつけなければならない点をいくつかあげておこう。

　企業の担当者にはローテーションがあるので，就任早々に訓練プログラムを始める必要がある。そうでないとローテーションの間に訓練が終了できないか，そのポジションにとって有効な訓練が生かされることなく担当者が異動することになる。

　訓練は代替電源への切替訓練や事務手続の確認訓練などエクササイズ系のものと，判断をともなう訓練に大きく分かれる。その中で，経営層は最低限，意思決定訓練への参加は必須である。さらに，経営層のトップは必ず参加する必要があるとあらかじめ規定しておくとよい。部下からトップの参加を打診することは簡単でないからである。また，参集訓練の成果を確認する場合は，「参集できるかどうか」，と漠然と聞くのでは意味がない。想定される厳しい条件下でも「本当に参集できるか」ということを確認しなければならない。

　非常時を想定した業務の実施訓練を行う意義は大きい。しかしながら被害想定を明確にしていないとかえって間違った方向に結論を導いてしまうおそれがある。被害想定が非常に厳しいと，参集人数が限られほとんどの業務が実施できないという散漫な結果に終わってしまう。一方，被害想定が容易すぎると間

違った成功体験を植えつけることになる。つまりどのような被害想定で、どこまで要求するのかという対応関係を明確にしたうえで実施することが重要である。

> **コラム 6**
>
> **責任感が強すぎる場合のマイナス面**
>
> 　責任感の強い組織であればあるほど、「やるべき」が「やれます」になってしまうことがある。本音と建前が混同されてしまう。
>
> 　準備していても必ずしもシナリオどおりに進むとは限らない。これをやっていれば大丈夫ということはなく、実際のイベントが起きた際は、修正が必要になることは覚悟しておく必要がある。優先業務を定めていても、さらにその中を第1順位、第2順位、第3順位ぐらいに分けて、業務の絞り込みは徹底する必要がある。想定外の事象は必ず起きるため、それに備え思い切った絞り込みが必要になる。
>
> 　責任感が強い人・組織ほど権限を委譲せず、抱え込んでしまい、やるべきことの範囲を広げすぎるために大きなイベントが起こった場合に対応が困難になる。

2　訓練の現場で起こっていること

　訓練では「問題なく実施できた」として終了することが多い。しかしながら、実際のイベントが起きた場合はそう簡単にはいかない。まして他の機関との連携が必要になるケースではなおさらである。情報伝達を例にとると、訓練の時は身構えていて連絡を受けるが、実際にイベントが起きた際には担当者がその場にいないこともある。普段から練習しておかないと機械の設置場所や操作方法がわからない可能性がある。加えて連携が必要になるケースでは、組織内の安否確認などで手一杯な状態のとき、連携先の情報までまとめて伝えることは非常に難しい。加えて、連携訓練の場合は決められた情報を正確に伝達できればOKとなるが、実際にイベントが起こったときは、「構内にいるお客さんをどうするか」、「テナントの営業を止めるか」など判断を求められる情報が入ってくるため、実際にかかる時間は大幅に増加することになる。そのためイベント

が実際に起こったときは，訓練よりもはるかに困難な状況が予想される。

図表4-1で示したとおり訓練は大きく2つに分類できる。1つは連絡を確実に実施し，代替場所での作業が行えるかどうかを確認する動作確認訓練である。もう1つは，シナリオが必ずしも決まっていない状況で，判断が必要となる訓練である。連絡訓練は基本的には前者の要素が大きい。動作が確実に実施できるかどうかを確認することで，「自分はどこまではできる」ということが認識できる。さらには「そこから先は未確認である」ということも認識する。この認識によって，訓練どおりに起こらないシナリオへの対応力も向上する可能性がある。したがって重要なことは訓練の内容，何を目指す訓練なのかをきちんと認識して訓練に臨み，実施した際の課題をなるべく多く洗い出し，次にどう改善するのかを考えることである。その際に，もっと厳しい状況が想像できれば一定の成果があったものと考えられる。

十分な準備をした場合ほど，なるべく問題なく訓練を終了したいと考えるのが普通である。しかしながら訓練は，むしろさまざまな課題を1つでも多く見つけ出し次の改善につなげることが大切である。加えて，訓練の範囲を認識し，限界を知ることで応用力を高めようとする意識が生まれる。こうした認識も持つメンバーを1人でも増やすことができれば成功であろう。

コラム7

シナリオ非提示のシミュレーション訓練の効用

一般的な訓練は最初から想定されたシナリオにそって行動するものが多いのに対し，シナリオ非提示のシミュレーション訓練は事前にシナリオが知らされず，時系列に沿って課題が与えられるものである。実際に災害が起こると，多くの要請が現場によせられ，最初の要請に十分に対応しようとしてリソースを使い切り，2番目以降の要請にはまったく対応できなくなるケースが起こりやすい。シナリオ非提示のシミュレーション訓練ではこうしたさまざまな状況を体感することができ，災害が起こった際に冷静な判断を下す能力を高める。

第5章

連携によるリスクマネジメント の新たな展開

- ▶各企業が独自に対応できる範囲には限界があるため，サプライチェーンや地域で連携して対応力を高めていく必要がある。
- ▶サプライチェーンのリスクを完全に防ぐことは難しい。そのため中断を最小限に抑え，中断した部分の復旧のスピードを上げることが重要となる。
- ▶当面の在庫の積み増しが必要なケースは，製造方法や原材料が特殊で，短期的には生産ラインの十分な耐震化や分散化が期待できず，かつ，在庫コストがあまりかからないような製品を製造している場合である。

 1 リスクマネジメントの限界と新たな展開

リスクマネジメントにおいては，リスク項目をリスクが発生する頻度とリスクの測定可能性によって4つのタイプに分類することで(**図表5-1**)，リスクの特徴を相対的に比較することが容易となる。その中で頻度が低く測定可能性が低いタイプのリスクとしては地震，津波などの自然災害や新型インフルエンザなどがあげられる。このタイプのリスクはリスク情報の把握が容易でないため，他のタイプのリスクに比べ対応が難しい。

第2章の3節で述べたようにCOSO ERM (2004) は，内部統制の枠組みを発展させた全社的リスクマネジメントに関するフレームワークである。しかしな

図表5-1　頻度と測定可能性によるリスクの分類

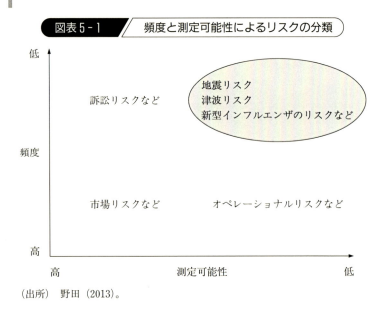

（出所）野田（2013）。

がらCOSO ERM（2004）においても地震，津波などの自然災害や新型インフルエンザなどの低頻度で損害の測定が難しいタイプのリスクマネジメントは容易ではない。それに対してBCPによるリスクマネジメントは事前にリスクをなくし中断を一切なくすことではなく，事故や災害など急激な環境の変化が生じた場合でも，事業への影響を許容レベルや一定の時間以下に抑える点に特徴を有することから，頻度が低く測定可能性が低い部分に対しても効果を発揮する可能性が高い。

　BCPの実効性を高めるためには，最初に個々の企業でのレベルアップが必要である。BCPは他のマネジメントサイクルのように明確な効果が見えにくい。つまり災害が起こらなければ，本当の意味で効果の測定は難しい。こうした状況を打開するため，訓練などによりBCPが現実に使えるのかどうかを確認し，さまざまな状況への対応力をあげる。

　次に個々の企業におけるBCPの実効性を高めたとしても，災害時には個社で利用できるリソースには限りがある。個社のBCPだけでは限界に行きつくので，地域やサプライチェーンでの連携を図ることによって次のレベルのBCPを目指す必要がある。

連携の方策については，1つは業界内での連携，もう1つは地域での連携である。業界内での連携は同じ業界に属し，立地点の異なる企業同士が災害時に代替生産を行うことなどがあげられる。この際には，代替工場・ラインで生産された製品の性能を担保する必要がある。この点については，コストの問題に加え，発災以前に性能を評価することで，発災後のタイムロスを削減する試みが検討されている。

もう1つは地域での連携である。たとえば同じ工業団地に属する企業同士が連携し，発災時に必要となる重機，災害用物資，食糧などのリソースを共有する。津波などの際には高い建物を持つ企業が建物を開放し，そうした施設を有しない企業の従業員を避難させることが考えられる。さらに災害時に活用する物資の保管を共有化することで，保管コストの削減や効率性を確保することができる。一方で，同じ地域に立地しているために同時被災し，補完ができない可能性もある。そのため同じ地域内で解決できる課題と他地域との連携が必要な課題をそれぞれ整理しておく必要がある。

事業継続への取組みは**図表5-2**のとおり，1980～90年代はIT部門を中心としたデータの保全から始まり，IT部門以外を含めた全社的な取組みに広がったが，あくまで個別企業の取組みであった。2000年代に入るとサプライチェーンへの取組みが追加され，BCPが社会的な責任としても認識されるようになった。そして2010年代からは地域での連携（地域継続計画）や国全体の戦略としてBCPがとらえられるようになった。

図表5-2　事業継続計画の変遷

年代	概要	対象	考え方
1980年代	ディザスターリカバリー	IT部門	IT部門を中心としたデータの保全
1990年代	事業継続計画（BCP）	IT，関連部門	IT部門以外も含めた事業の継続
2000年代	事業継続マネジメント（BCM）	全社，グループ，取引先	PDCA，サプライチェーンを含めた対応，社会的責任としての認識
2010年代	地域継続計画（DCP）レジリエンス	地域，日本全体	地域での連携，国家的な規模，急激な環境変化への対応

（出所）事業継続推進機構資料などより作成。

2 地域連携の実際

　地域の連携は，自治体レベル，コミュニティレベルなどいくつかのレベルに分けられる。地域連携が難しい1つの理由は，総論部分では合意が得られやすいものの，各論部分に進むとそれぞれの地域内での優劣をつける必要があるため，検討が難しくなる点である。各社の意向を反映させようとすると，どうしても全体として効果の薄いものになってしまう。

　地域連携については国，自治体，地区，コミュニティレベルまで幅があるが，対象エリアの範囲によって議論しているポイントが異なっている（**図表5-3**）。コミュニティレベルでは，要援護者に対するサポートの問題や，大都市圏であれば帰宅困難者への法的措置を含めた対応策などが議論のポイントとなる。工業団地では危機意識の共有や信頼関係の醸成が重要である。範囲を広げて都道府県や地方レベルで見た場合は，企業へのBCP策定促進や企業レベルにあわせた対応策を検討することなどがポイントとなる。さらに国レベルでは，防災・事業継続を意識した投資の促進，そのためにどのようなインセンティブを用意するかといったことが議論になる。

　以下では図表5-3に記載された地域連携の中でいくつかの事例を紹介しよう。

(1) 首都圏のターミナル周辺での地域連携（新宿駅西口周辺地区）

　東日本大震災の際に首都圏でも500万人あまりの帰宅困難者が発生した。大きな人口移動が伴う都市圏で地域がどのような役割を果たしていくかの議論が重要となる。その中で，日本有数のターミナルである新宿エリアでは新宿駅周辺防災対策協議会を中心に対応が進められている。同協議会が掲げる「新宿モデル」は，①情報収集・伝達モデル，②避難・退避誘導支援モデル，③医療連携モデル，④事業継続可能な環境の確保モデルの4つの柱で構成されている。そして「新宿モデル」実現のための具体的な取組みとしては，「地域の災害対応」，「地域の人材育成」，「地域のインフラ整備」が提唱された。地域で共通の目標を掲げることで推進の原動力としている事例である。

図表5-3　地域連携のポイント

範囲	事例	対象エリアの視点
コミュニティ	岩手県大槌町安渡地区	・全員が納得するまで話し合う ・要援護者へのサポートを現実的なものにする
	新宿駅西口周辺地区	・帰宅困難者を受け入れるための法的整備を検討する ・図上演習の実施 ・自治体をカバーする協議会の設置
	愛知県明海地区	・危機意識の共有 ・臨海地域における津波対策強化の必要性
	タイ工業団地	・顔の見える信頼関係を構築する
市町村	岩手県陸前高田市	・町のライフラインとしてコンビニエンスストアの役割を認識する
都道府県	香川県	・企業BCPにDCPの要素を織り込む ・社会的許容限界の考えを導入
	京都府	・基礎，連携，全体の3段階で企業を支援
地方	東北地方	・代替戦略の重要性を伝える ・代替戦略をとれる企業とそうでない企業の支援のあり方を考えておく
国	国	・インセンティブ投資(防災を意識した投資)

(出所)　日本地域開発センター(2015)を参考に作成。

(2) 臨海部の工業団地での連携（愛知県豊橋市明海地区）

　明海地区は，三河港内の東南の最奥部に位置する約660haの臨海工業団地であり，多様な業種・業態の100社を超える事業所の集積地である。本地区は近年では4千億円を超える工業出荷額等を有し，これは豊橋市全体の40％を超えるシェアを占め，地域の経済に与える影響は非常に大きい(「明海地区事業継続計画（BCP）の構築に向けて」明海地区防災連絡協議会)。

　団地内の各企業はBCPの策定を進めていたが，団地は臨海部に立地しており短時間で津波などへ対応することが求められているため，個別企業のBCPには限界があった。そこで同協議会が中心となり津波などに備え，高い建物が

ない企業に避難所を提供し，災害時に必要な物資・機材などのリソースの共有化を進めている。個々の企業における BCP の脆弱性を全体の BCP で支援していく試みである。さらに当地区はそれにとどまらず，自治体，地元企業などが参加した大規模な連携訓練を行うことで，地域全体の対応力向上を図っている。

(3) タイ洪水のケース（ロジャナ工業団地）

　ロジャナ工業団地は，1988年5月設立された民間工業団地運営会社であり，タイ証券取引所に上場している。現在，タイ国内で6ヵ所の工業団地（総開発面積3,569ha）を展開している。2011年のタイ国大洪水で被災したロジャナ工業団地（アユタヤ県）は，その1つである。

　被災時はさまざまな情報が錯綜し，行政機関自身も混乱しているため，民間企業である工業団地運営会社が入居企業に対して避難指示を出すという状況を強いられた。

　同工業団地は災害発生時の混乱の中での初動体制を構築し，次に入居企業向けの専用ブログを即日開設して運用を開始した。入居企業との間で通信インフラを確保することは情報共有に必要不可欠だった。入居企業と工業団地との間では，平時から「ロジャナ会」という定期的な意見交換会が毎月実施されていた。そのおかげで顔の見える関係が築かれ，お互いの信頼関係が醸成されていた。

　工業団地および周辺道路は冠水により閉鎖された。バンコク市内からロジャナ工業団地周辺で道路の通行が可能かどうかも不明であった。入居企業の地元従業員がスマートフォンで撮影した道路を含む現地の写真が，随時メールにより工業団地に寄せられた。その中で撮影日時と画像情報は非常に有益な情報となった。

　また現場で復旧・復興に携わる担当者に対して，中・長期的な視点で支援を行うことの重要性も指摘できる。現場で日々格闘する復旧・復興に携わる担当者にとって，復旧・復興において目指すべきゴールの共通イメージと，ゴールに向かうタイムライン（時間軸）は重要な道しるべとなった。さらに，現場担当者に対する中・長期的な視点での健康管理，支援は，復旧・復興本部の重要な仕事となった。合弁日系企業からベテラン社員が増員される応援体制が敷かれ

た。日本側の経営トップが早期にタイ合弁パートナーと現地で協議を行ったことが現場への権限移譲につながった。

この事例からは、工業団地の運営会社が地域全体の判断を要求されること、そしてその判断のためには平時から定期的なコミュニケーションを図ることにより、お互いの信頼関係を醸成しておくことが大切であること、そしてそれが復旧時のゴール設定にも有効であることがわかる。

(4) 自治体のおける取組み（香川県）

香川県は、比較的自然災害が少ない地域と考えられていた。しかしながら、2004年8月に香川県を襲った台風では香川県内で2万棟が浸水するという被害をもたらした。こうした経緯を経て、香川県は県内全市町が2017年度までにBCPを策定するという目標を掲げ、市町の首長を巻き込んだ連携のしくみを構築している。その中には、すでにBCPを策定している自治体の内容を継続的に見直し、改善を図る取組みが含まれている。このしくみで中心的な役割を果たしている香川大学は、徳島大学とともに「四国防災・危機管理特別プログラム」を公開した。ここでは職業で防災に携わる社会人や現役の大学院生がともに学んでおり、地域で防災の担い手を育成している事例である。

3 見える化の限界

次に業界内での連携の事例をみていこう。

自動車産業は部品点数が3万点にもおよび、その1つの部品が供給されなくなるだけで自動車を組み立てることができなくなる。そのため、自社製品の供給責任を果たすためには、自社が調達する部品のリスクを把握する必要がある。

自動車メーカーが従来、ピラミッド構造としてとらえていたサプライチェーンが実際は2次サプライヤー以降で共通のサプライヤーを活用しており、いわゆるダイヤモンド型の構造だったということが判明した（**図表5-4**）。東日本大震災では、より上流に位置する共通のサプライヤーが被災したために、自動車業界全体のサプライチェーンが寸断された。これが契機となって、上流に位置

図表 5-4　サプライチェーンの構造

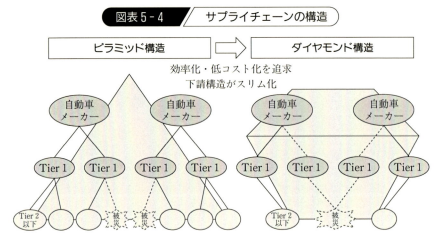

(出所)　経済産業省「日本経済の新たな成長の実現を考える自動車戦略研究会 (中間とりまとめ)」2011年6月より。

する企業までさかのぼってサプライチェーンを把握しようとする動きにつながった。

　トヨタ自動車は,「東日本大震災時に稼働停止が10日間に及んだ。この教訓は生かされ, 約4千品目の部品を直接取引がある1次取引先やその先の2次に加え, 10次以降のメーカーの情報を収集。データベース化をして迅速に復旧できる仕組みを整えた」(日本経済新聞　2016年2月2日　朝刊2面)。しかしながら2016年1月に発生したグループの愛知製鋼の爆発事故では生産の停止を余儀なくされた。さらに4月の熊本地震でも,「グループのアイシン九州の建物が壁に穴が開き, 大型クレーンが倒れるなど生産設備が大きく損傷。代替生産に必要な金型の取り出しが難しくなった。地震はまたもトヨタグループの想定をうわまわった」(日本経済新聞　2016年6月10日　朝刊15面)。

　この事例からわかるとおり, サプライチェーンのリスクを完全に防ぐことは難しい。そのため万が一, 中断が起こっても, その中断を最小限に抑え中断した部分に対する復旧のスピードを上げることが重要である。復旧のための情報を速やかに集める体制を構築する方策が現実的な対応となる。

第5章　連携によるリスクマネジメントの新たな展開　53

> **コラム8**
>
> **新しいサプライチェーン**
>
> 現実のサプライチェーンでは二重化することはコスト面で困難であることが多い。そのため，バーチャルな形でサプライチェーンのネットワークを作る発想が出てくる（下図参照）。1つの例として，神奈川県メッキ工業組合と新潟県鍍金工業組合が，大規模災害時に両組合の企業同士が代替生産などの相互連携を行う協定を締結したことがあげられる（日本鍍金新報　2011年5月24日）。
>
> 特に中小企業は大手企業と違い，自前の代替生産拠点を持つことが難しいことから，被災を想定した事業継続戦略として，他県の同業他社と災害時に備えて連携することが効果的である。そのため新潟県では，2010年度から県内の中小企業が他県の同業他社と災害時に相互支援連携協定を締結する事業（お互いさまBC（事業継続）連携ネットワーク）を実施している。
>
> ●バーチャルなサプライチェーン●
>
>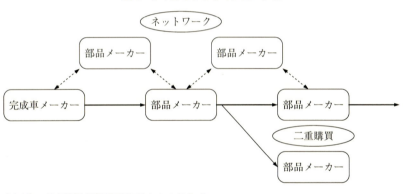
>
> （出所）　事業継続推進機構資料などより作成。

4　期待される性能評価

　自動車部品は厳しい性能評価を経て，完成車メーカーに採用される。非常時だからという理由で，他の拠点での代替生産や材料や部品の調達先の変更，代替材料・部品の使用が容易にできるわけではない。そのため，平時からこうし

た分散化や代替化の検討を完成車メーカーと行っておく必要がある。特に，生産拠点や原材料等を変更するような代替案については，完成車メーカーと共同で，工場の認証や当該部品の性能評価を事前に協議しておくことになる。すべての車種にこうした対応は難しいものの，戦略的な車種については検討の余地があろう。

5 在庫戦略の実際

　日本の自動車産業は，ジャストインタイムに見られるように，在庫をなるべく持たずに少ない資源で生産効率を上げる生産方式で国際的な競争力を獲得してきた。したがって，いつ起こるかわからない自然災害のために常に在庫を一定程度持つという対策はコスト競争力を落とすことになる。実際に，筆者が東日本大震災後，自動車部品メーカーを数十社ヒアリングしたが，単純に在庫を積み増すと回答した企業は実は1社もなかった。BCP対応として，在庫の積み増しによる供給継続ということが議論されるが，これは平時のサプライチェーン・マネジメントと逆行する考え方になる。サプライチェーンにおける事業継続への対応として，在庫の積み増しが必要となるケースは，製造方法や原材料が特殊で，短期的には生産ラインの耐震化や分散化が期待できず，かつ，在庫コストがあまりかからないような部品を製造しているケースに限られる。

第6章

注目を集めるレジリエンス

Point

- ▶レジリエンスとは「しなやかさと強さ」を兼ね備えた「復元力」,「弾力性」とされる。
- ▶地域のレジリエンスを測定するものとして国連国際防災戦略事務局(UNISDR)が主導する「都市の災害回復力スコアカード」があげられる。
- ▶レジリエンスの要素はKPIの設定,危機対応能力の向上,サプライチェーン上のリスク低減,長期的な戦略があってはじめて企業価値に転換できる。

1 レジリエンスとは？

　近時,レジリエンス（Resilience）という言葉が目につくようになった。レジリエンスを,適切な日本語に訳することは難しいが,稲の穂のような「しなやかさと強さ」を兼ね備えた「復元力」,「弾力性」と表現することができる。日本では,防災や事業継続に関するさまざまな取組みが進められている。一方で,その実効性が必ずしも担保されていないという指摘もあり,多くの解決すべき課題に直面している。その突破口の1つとして,企業や自治体などの組織内にとどまることのない,地域や社会全体のレジリエンスに関する議論がある。

　このレジリエンスを具現化しようとする国家レベルの取組みが国土強靱化計

画である。この中ではハード対策とソフト対策の適切な組み合わせ，自律・分散・協調型の国土の形成，PDCAサイクルによるマネジメントがあげられている。それを実現するためにBCP，脆弱性の評価，連携訓練など比較的新しい危機管理の要素が取り入れられている。

一方で，第2章の【コラム1】で紹介したように日本にはすでに多くのレジリエンスの要素がある。加えて，近時においても東日本大震災の中での整然とした復旧活動や，幅広いステークホルダーとの関係性を重視している企業行動があげられる。

日本と世界の主要企業における経営者が，どのステークホルダーを強く意識しているのかを見たものが図表6-1である。日本企業の経営者は従業員，サプライチェーン，地域コミュニティをステークホルダーとして意識している割合が高いことがわかる。レジリエンスは自社だけでは完結できないため，地域やサプライチェーンでの連携が必要となる。そのため，日本企業のこうした特徴をうまく活用することがレジリエンスの強化につながる可能性がある。

新しいレジリエンスと，われわれが従来から持っているレジリエンスをあわ

図表6-1 事業戦略に影響を及ぼすステークホルダーの比率

項　目	世界全体	日本
顧客と得意先	97	97
競合他社と同業他社	90	94
政府と規制当局	85	79
従業員	83	90
貴社のサプライチェーンを構成するパートナー	76	84
資本の提供者	75	83
地域コミュニティ	61	70
ソーシャルメディアのユーザー	50	46
メディア	53	60
非政府組織	32	15

（注）「ある程度影響力を持つ」または「大きな影響力を持つ」と答えた回答者の割合（％）。
（出所）　PwC第16回世界CEO意識調査より作成。

せることで，しなやかさと強靱さをもつ社会の実現に一歩近づくことができないであろうか。企業には，社会性と経済性の両立すなわち効率性を保ちつつも社会の一員として，地域のレジリエンスを強める役割を果たすことが期待される。自治体は，地域と連携することでリソースの限界をカバーし，より実効的な対策を立案することで，さまざまなタイプのリスクに備えることができる。

2 地域のレジリエンスに対する取組みの評価

　レジリエンスは，1つの企業にとどまらない面的な広がりをもった取組みである。そこで最初に地域のレジリエンスについてみていこう。レジリエンスの取組みを進める方策として，その評価とインセンティブの付与が考えられる。地域のレジリエンスを評価するものとして国連国際防災戦略事務局（UNISDR：United Nations International Strategy for Disaster Reduction）が主導する「都市の災害回復力スコアカード（Disaster Resilience Scorecard for Cities）」（図表6－2）があげられる。国連において防災関連を担当するUNISDRが2014年5月に，災害リスクに配慮した企業の投資意思決定を促進させることを目的とした官民連携組織R!SE（Disaster Risk-Sensitive investments）を創設し，その1つに都市の災害に対するレジリエンスを高めるための活動がある。本スコアカードでは，地域コミュニティや関連企業等との連携度合いなど，都市の災害回復力の現状を把握することを目指している。さらに自治体はスコアカードによる評価を行うことで，次に取るべき災害リスク対策を把握することができる。このスコアカードでは防災に関する一般的な項目だけでなく，インフラ，資金調達，意識の共有など幅広い項目が列挙されており，継続的な改善が促される内容となっているのが特徴である。

　当面は各地域での対策の成熟度を測定することが中心となるが，将来は地域間での比較を行うことで，各地域のレジリエンスがいっそうレベルアップされる可能性がある。また，レジリエンスの向上のためにITなどのさまざまな技術やノウハウが必要となり，企業等に対して新たなビジネスチャンスを提供できる可能性もある。

図表6-2　都市の災害回復力スコアカード

10 Essentials	Subject/Issue	
1	対話，理解の共有および調整	1.1 組織と調整
		1.2 スキルと経験
		1.3 災害レジリエンスに関する他のイニシアティブとの統合
2	資金調達とインセンティブ	2.1 財政計画と予算
		2.2 偶発的な調達
		2.3 インセンティブと資金調達
3	ハザード，可能性および影響の認識と理解	3.1 リスク評価
		3.2 アップデートプロセス
4	災害に強い重要インフラの構築	4.1 防護インフラ
		4.2 コミュニケーション
		4.3 電力
		4.4 水，衛生設備
		4.5 ガス（該当あれば）
		4.6 交通
		4.7 法と秩序，初期対応者
		4.8 事務処理
		4.9 コンピュータシステムとデータ
5	災害に強い教育と医療インフラの構築	5.1 教育施設
		5.2 医療
6	リスク認識のある計画，土地利用および建築基準の適用	6.1 エクスポージャーの増大を防ぐ土地利用区分の有効性
		6.2 建築基準
7	一般の認識と能力の向上	7.1 教育と認識
		7.2 トレーニング
		7.3 言語
8	生態系サービスの強化と保護	8.1 生態系サービス（cf. 調整機能・保全機能）
9	警報システムの構築と準備のリハーサル	9.1 早期警報
		9.2 イベントへの対応計画
		9.3 人員/対応者のニーズ
		9.4 機材と救助用具のニーズ
		9.5 食料，シェルター，必需品および燃料の供給
		9.6 運用能力と各機関の互換性
		9.7 訓練
10	学習とよりよい復興	10.1 事後復興計画

（出所）　PwC Japan あらた監査法人（2015）より作成 www.unisdr.org/2014/campaign-cities/Resilience%20Scorecard%20V1.5.pdf

3 レジリエンスに関する情報の活用

　リスク情報の開示に関しては，単にリスクの内容だけが開示されても投資家として企業への影響を判断することが難しい。また，さまざまな対策にはコストがかかる一方で，各社が策定したBCPなどの計画が投資家をはじめとしたステークホルダーから見て，当該企業のリスク量に照らして十分かどうかは不安である。さらに，リスク対策には時間がかかることから，その進捗状況を把握したいというステークホルダーのニーズも存在する。

　そうした状況のなかで，さまざまなステークホルダーにとって，レジリエンスに関する情報が提供されることは大きなメリットを有している。企業や企業連携によって提供できる施設やリソースの内容，インフラ系企業の災害時の目標復旧時間や復旧レベルの情報は，関連する企業や地域住民の計画にも非常に有用な情報になるからである。

　今後，首都直下地震や南海トラフ地震，さらにはパンデミックによる経済の混乱が懸念されている。こうした状況に対し，リスクが顕在化し，社会システムや事業に混乱が生じた場合であっても，最低限の機能を維持することを通じて，全体の機能を速やかに回復させるレジリエンスが重要となる。その際に，BCPの策定・開示を通じて社会や企業同士がコミュニケーションを図る必要がある。そのため，レジリエンスに関する情報をいっそう活用することが求められる。

4 レジリエンスを企業価値向上にどうつなげるか？

　企業が単にレジリエンスの要素を示すだけでは企業価値の向上につながらない。企業価値の向上につなげるためには，レジリエンスの要素と企業価値の間をつないでやる必要がある。その方策として以下の観点があげられる。

　1つは，レジリエンスに関する取組みをKPI（主要業績評価指標）と結びつけることである。たとえば「評価されたリスクが海外売上比率にどのようにイン

パクトを与えるのか」,「その企業において価値を創出しているバリューチェーンとどのように結びついているのか」などを示すことが重要となる。

2つ目は,実際の危機対応能力を向上させることである。多くの企業では計画はあるが,実際に危機が発生したときに,明確な意思決定ができない。組織としてのリスクへの対応策は決まっているが,リスクの多様化に伴って対応策の間に落ちるリスクが増え,全社的な対応が遅れるなどの課題がある。それに対しては,訓練などを活用し意思決定能力を向上させ,抜け落ちを防ぐことが大切である。

3つ目は,危機管理の中でもサプライチェーン上のリスク低減が求められる。レジリエンスは自社だけでは完結しないため,サプライヤーの評価に力を入れ調達活動に反映させることが重要となる。

4つ目は,中長期的な視点からの意思決定が求められる。リスク対策に重複が生じたり,非効率な投資とならないように幅広くリスクを検討し,事業の継続性と中長期の成長性をバランスよく管理していくことが必要となる。

以上の対策が実施されてはじめてレジリエンスの要素が企業価値に転換される。

コラム9

レジリエンスの個人への適用

レジリエンスは企業や組織の継続力や回復力を強める働きがある。しかしながらその組織を動かすのは個人であり,個人のレジリエンスを高めないと始まらない。そのためレジリエンスの中に出てくる要素や手法を応用して個人のレジリエンスを高めようという動きがある。企業内でストレスなどから病気を発症する人が多く,従業員の健康管理は大きな社会問題となっているが,その解決は容易ではない。そうした状況に対して,組織だけでなく個人に対してもレジリエンスに関する教育・訓練を行うことで個々の対応力を高めることは1つの突破口になるかもしれない。

リスクマネジメントと経営

第7章　CSV・CSR とリスクマネジメントの関係
第8章　リスクコミュニケーションの重要性
第9章　知られていないリスクマネジメントの効果
第10章　企業評価とリスクマネジメントの変遷

第7章 CSV・CSRとリスクマネジメントの関係

Point
- ▶CSRを実践することが企業価値や企業の収益にどのように貢献するかについては，近時さまざまな実証研究が積み重ねられている。
- ▶環境問題を解決するために従来は規制，罰則，税制などの活用が中心であった。しかしながら環境リスクが主体的・空間的・時間的に広がりを見せる中で従来の方法だけでは限界があり，市場を活用した方法によりこの問題を解決しようとする取組みが進められている。
- ▶CSVは社会的課題の解決を通じて企業価値が図られるという考え方である。CSVを達成するための前提として危機への対応力があり，柔軟な回復力や変化のスピードを備えたレジリエンスの要素が求められる。

1 CSRとは何か？

近時，CSR（Corporate Social Responsibility）と企業価値との関係を検証する試みが続けられている。CSRの議論をする場合に注意すべきことは，議論するそれぞれの人によってその定義が異なることが多い点である。ある人は寄付や社会貢献を考え，ある人は環境問題，ある人は法令遵守を考えているかもしれない。しかしながらCSRは最低限守らなければいけない法令遵守を超えて，企業としてさまざまなステークホルダーとの関係を考慮しながら行動することである。結果として環境問題や人権問題への配慮や貢献を行う企業活動が観察さ

れることになる。したがって CSR は外部から規定されるものではなく，個々の企業や組織が独自に定めることになる。

　CSR を実施することは企業価値，企業の収益に貢献するかどうかについては，近時，さまざまな実証研究を行われている。CSR を実施するためには費用がかかるため，直接的には収益にはマイナスであるが，CSR による企業のイメージアップや投資家に対して開示効果を持つことで企業価値にとってプラスになるという研究も多い。CSR を実施することで，不祥事があっても企業に対するマイナスの影響を緩和する，いわゆる保険的な効果が期待できるという主張もある。

　最近の研究ではハーバード・ミネソタ大学に属する教授らが発表した論文（Kahn et al. 2016）では，CSR に関する指標を活用し，産業セクターごとに重要な要素（マテリアリティ）を特定し，CSR に関するスコアを算出している。そのスコアを基にポートフォリオを組むと超過リターンが獲得できる。一方で，マテリアリティを考慮しない場合には超過リターンを得られないことを主張している。CSR と企業価値の関係についての結果は混在していて結論が出ていない。その１つの理由として CSR の評価そのものが非常に広範で定義が難しいため，CSR の活動そのものを正確に評価できていない可能性が高い。その中で本論文では産業セクターを区切ることで，CSR の活動と企業価値の関係性を整理したうえで分析を実施し，企業価値とのつながりを明らかにしている。CSR については漠然とすべての取組みを行うのではなく，各企業にとってのマテリアリティを中心に取り組むことが大切であるという主張が最近よく聞かれる。この論文はその問題を具体的なデータから明らかにしている点で非常に興味深い。

　そうした中，ハーバード・ビジネススクールのマイケル・ポーター教授らが CSV（Creating Shared Value，共有価値創造）という概念を提唱した。従来，社会的価値と経済的価値は，トレード・オフでなかなか両立しないといわれていたが，近年は，むしろ社会的価値を追い求めることが新たなビジネスチャンスにつながるという考え方である。10年後，20年後には，この考え方がメインストリームになっている可能性もある。そうなれば，さまざまな社会問題，環境問題を考える場合に追い風になっていくと思われる。

また，視点が変わるが，CO_2の制約という問題もある。石油などのエネルギー関連企業には世界的な大企業も多く，エネルギー価格の関係で増減はあるものの，大きな時価総額を有している。しかしながら将来，CO_2の問題がさらに深刻化すれば，化石燃料の多くが使用できない可能性も出てくる。そうなると，企業価値の大半が失われる可能性もある。長期的な視点で考えないと，企業の価値評価を見誤ることになる。

2　環境問題の質的変化

　環境問題の内容も時代とともに変化している。かつて環境問題といえば工場からの有害物質や大気汚染であった。しかし現在の環境問題は地球温暖化や化学物質管理さらには土壌汚染とさまざまな問題に及んでいる。そして温暖化問題のように特定の企業だけではなく，個人も含め誰でもが排出源となりうるものもある。さらに化学物質管理は１つの国にとどまらず国境を越えた広がりをもっている。また土壌汚染の問題のように，何年もたってから問題が顕在化するものも含まれている。その意味で環境問題の質が大きく変化したと考えられる。

　今まで日本は，環境対策の先進国だと言われ，太陽光発電，風力発電などの自然エネルギーに対して技術的にも量的にも世界をリードしてきた。しかしながら近時は，風力発電１つをとってみても，中国をはじめとした国々に比べ発電量は下回っている。さらに経済規模が大きく排出量も多いにもかかわらず，今出されているさまざまなCO_2対策は，意欲的な提案を行っているヨーロッパの国々などに比べてインパクトが弱いという意見もある。こうした点ではもう環境先進国だとはいえないという声や，日本の国際的な立場からみれば十分な責任を果たしているとはいえないことから，日本は世界から孤立してしまうリスクを負っているという指摘もある（2015年４月Ｅ３Ｇ報告書）。

3 市場活用の効果

　上記の環境問題を解決するために，従来は規制・罰則・税制などの活用が中心であった。しかしながら環境リスクが主体的・空間的・時間的に広がりを見せるなかで従来の方法だけでは限界が出てきた。そのため市場を活用した方法によってさまざまな主体の参画をあおいで，この問題を解決する取組みが進められている。

　環境問題を解決する手法の中で，規制や税制は強制力は強いものの，その活用範囲には限界がある。また補助金についても金額的な制約がある。一方で金融などの市場を活用した方法は強制力は弱いものの，活用範囲は非常に広い特徴がある。

　金融などの市場を活用した方法としては，クロスボーダー（国際間取引）や長期のプロジェクトとして空間的・時間的な広がりに対応できる排出権取引，環境リスクをモニタリングし企業の環境行動を評価できる格付融資，SRI（責任投資）ファンド，さまざまな資金の出し手を仲介し，投資資金を糾合できる市民ファンドなどさまざまな手段があげられる。さらに金融などの市場を活用した方法には，投資家に対して新たな投資機会を提供できるばかりでなく，環境分野における事業機会を拡大する意味合いもある。

　一方で，金融などの市場を活用した方法が有効に機能するためには，環境情報などが市場価値の中に適切に織り込まれる必要がある。環境情報が完全に織り込まれていれば問題はないが，現実的には一部しか反映されていないか，本来必要とされる水準を下回る可能性が高い。そのため，環境情報が十分に織り込まれるように市場との間をつなぐ環境金融（格付融資など）が必要となる。

　こうした流れの中で，2006年には国連の主導で環境・社会・ガバナンスに配慮した投資を促すガイドラインである国連責任投資原則が提唱され，それには2016年には世界50ヵ国超の国から1,500機関以上が署名し，その合計資産は約6,000兆円に達している（PRIホームページより）。2015年9月には日本でも厚生年金と国民年金の年金積立金管理・運用を行っている年金積立金管理運用独立行政法人（GPIF）が同原則に署名するなど影響力はさらに増している。

企業が社会的責任を積極的に果たしているのかどうかを判断材料とする投資方法であるSRIは，その規模を拡大させている。投資に占めるSRIの割合は，ヨーロッパは5割を超え，アメリカでは約2割となっている。一方で日本をはじめとしたアジアは0.8％と非常に低い比率となっている（The Global Sustainable Investment Review 2014）。しかしながら，将来的にはSRIへの国際的な関心がさらに高まることに加え，GPIFをはじめとした機関投資家が国連責任投資原則へ署名する動きもあり，日本でもSRIが拡大していくことが予想される。

　2014年2月には金融庁が英国で初めて導入されたスチュワードシップ・コードを参考に，日本版スチュワードシップ・コードを導入した（**図表7-1**）。スチュワードシップコードには，機関投資家が，投資先企業やその事業環境等に関する建設的な「目的を持った対話」（エンゲージメント）などを通じて，当該企業の企業価値の向上や持続的成長を促すことにより，「顧客・受益者」の中長期的な投資リターンの拡大を図る責任を果たすことが書かれている。ここでいう長期投資には，今期や来期の業績予想だけではなく，将来の業績予想が重要となる。その中には将来の企業業績に影響を与える気候変動，災害，資源制約など社会的なリスクが大きな比重を占める。

　加えて，2015年6月からコーポレートガバナンス・コードが適用されること

図表7-1　スチュワードシップ・コード（一部）

「責任ある機関投資家」の諸原則《日本版スチュワードシップ・コード》について
本コードにおいて，「スチュワードシップ責任」とは，機関投資家が，投資先企業やその事業環境等に関する深い理解に基づく建設的な「目的を持った対話」（エンゲージメント）などを通じて，当該企業の企業価値の向上や持続的成長を促すことにより，「顧客・受益者」（最終受益者を含む。以下同じ。）の中長期的な投資リターンの拡大を図る責任を意味する。
本コードは，機関投資家が，顧客・受益者と投資先企業の双方を視野に入れ，「責任ある機関投資家」として当該スチュワードシップ責任を果たすに当たり有用と考えられる諸原則を定めるものである。本コードに沿って，機関投資家が適切にスチュワードシップ責任を果たすことは，経済全体の成長にもつながるものである。

（出所）　「責任ある機関投資家」の諸原則《日本版スチュワードシップ・コード》～投資と対話を通じて企業の持続的成長を促すために～日本版スチュワードシップ・コードに関する有識者検討会，平成26年2月26日，http://www.fsa.go.jp/singi/stewardship/

図表7-2　コーポレートガバナンス・コード（一部）

【株主以外のステークホルダーとの適切な協働】
上場会社は，会社の持続的な成長と中長期的な企業価値の創出は，従業員，顧客，取引先，債権者，地域社会をはじめとするさまざまなステークホルダーによるリソースの提供や貢献の結果であることを十分に認識し，これらのステークホルダーとの適切な協働に努めるべきである。取締役会・経営陣は，これらのステークホルダーの権利・立場や健全な事業活動倫理を尊重する企業文化・風土の醸成に向けてリーダーシップを発揮すべきである。

【適切な情報開示と透明性の確保】
上場会社は，会社の財政状態・経営成績等の財務情報や，経営戦略・経営課題，リスクやガバナンスに係る情報等の非財務情報について，法令に基づく開示を適切に行うとともに，法令に基づく開示以外の情報提供にも主体的に取り組むべきである。その際，取締役会は，開示・提供される情報が株主との間で建設的な対話を行う上での基盤となることも踏まえ，そうした情報（とりわけ非財務情報）が，正確で利用者にとって分かりやすく，情報として有用性の高いものとなるようにすべきである。

（出所）「コーポレートガバナンス・コード～会社の持続的な成長と中長期的な企業価値の向上のために」東京証券取引所2015年6月1日。

になった（**図表7-2**）。コーポレートガバナンス・コードは政府の成長戦略の1つとして，企業の行動規範を定めたもので，その中には，①株主の権利・平等性の確保，②株主以外のステークホルダーとの適切な協働，③適切な情報開示と透明性の確保，④取締役会等の責務，⑤株主との対話の5つが盛り込まれている。企業の持続的成長と中長期的な企業価値の向上を目指している。コードの中で，企業はさまざまなステークホルダーとの協働に努めるべきであることが定められている。そしてリスクやガバナンスに係る情報等の非財務情報について，法令に基づく開示を適切に行うとともに，法令に基づく開示以外の情報提供にも主体的に取り組むべきであることが要請されている。

スチュワードシップ・コードとコーポレートガバナンス・コードのいずれも長期的な視点からさまざまな非財務情報，なかでもリスク情報にも目を向けることが要請されている。

> **コラム10**
>
> **社会的起業**
>
> 　日本では少子高齢化，高齢者・障害者の介護や福祉，まちづくりや環境問題などさまざまな社会的課題が大きくなっている。従来，こうした社会的課題は行政を中心に対応が図られてきた。しかしながら社会的課題が量的に増加し質的にも変化しており，行政だけで対応を図ることはもはや困難である。こうした社会的課題を解決する行政以外の担い手として社会的起業が増加している。社会的起業は地域のコミュニティなどが社会的課題に対して単にボランティアとして活動するのではなく，ビジネスとして解決を図る取組みである。社会的起業は，新しい働き方や地域の人々に新たな価値観を提供することもでき，地域を活性化させる1つの方策ともなる（経済産業省 2008より作成）。

4　コーポレート・ガバナンスをめぐる問題

　コーポレート・ガバナンスの問題はリスクマネジメントにとっても重要である。なぜならコーポレート・ガバナンスを充実させることではじめて，リスクマネジメントの実効性が担保されるからである。

　コーポレート・ガバナンスに関して最近起こった事件にはさまざまなタイプのものが存在する。明確に犯罪にあたるもの，独善的な経営によるもの，ずさんな経営管理によるものはわかりやすい。しかしこれに加えて近年はCSRに近い事件も起こっている。時代とともに企業が守るべく法令遵守の範囲やCSRとして考えなければならない事柄は変わってくる。少し前まで問題がないと考えていたことが，世の中の注目を集めることで業界全体を揺るがす大事件になることもある。たとえば，2008年に製紙業界を揺るがした古紙配合率偽装の問題では，企業が再生紙の機能面に配慮するあまり環境ガバナンスへの配慮が十分でなかったことから世間から大きな批判を浴びる結果となった。

　ガバナンスの効果を支えるものとして，情報開示，社外取締役などのマネジメント体制，内部統制のしくみがあげられる。その中で近年，社外取締役の役割が注目されている。関西大学の太田教授は，日本経済新聞デジタルメディア社の「日経NEEDSコーポレート・ガバナンス評価システム（NEEDS-Cges）」

などから株主還元と情報開示に関する情報を入手し，電子部品関連4社(オリンパス，ニコン，HOYA，テルモ)のガバナンス項目を比較している。この中で不祥事が発生したオリンパスは社外取締役が存在しており，株主還元の指標も他社とほぼ同じ水準である。一方で，独立社外取締役が存在しないうえ，情報開示に関してはニコンやHOYAに比べ低い水準にある点が指摘されている（太田 2012）。東京証券取引所によれば社外取締役を選任する東証一部上場企業の比率は9割を超えている（「東証上場会社における社外取締役の選任状況」東京証券取引所2015年6月）。こうした点を踏まえると，社外取締役の有無という外形的な問題よりも，その社外取締役が独立かどうかといった実態や情報開示を通じて投資家等と十分な対話を実施しているのかというレベルまで踏み込まなければ，ガバナンスにとって実際の効果は期待できないことを示唆している。

　コーポレート・ガバナンスを支えるしくみのもう1つに内部統制の問題がある。内部統制とは，組織の業務が適正に遂行されるシステムが構築されていることである。米国のエンロン事件やワールドコム事件といった巨額の粉飾事件の発生を契機に日本でも議論が高まり，特に財務報告の面での内部統制に関し2006年に金融商品取引法が制定され，同法のもとで2008年度より内部統制報告制度が開始された。金融庁のホームページ（http://www.fsa.go.jp/news/21/syouken/20090707-6html）によれば内部統制報告制度は以下のとおりとなっている。

　上場会社は，事業年度ごと（年1回）に，財務報告に係る内部統制（会社における財務報告が法令等に従って適正に作成されるための体制）を会社自らが評価し，評価結果を内部統制報告書として開示しなければならない。内部統制報告書には公認会計士等の監査証明を受ける必要がある。同制度は，投資者等に適正な企業情報が開示されることを確保することを目的としている。

　内部統制報告書に記載される評価結果は，①内部統制は有効である，②重要な欠陥があり，内部統制は有効でない旨ならびにその重要な欠陥の内容およびそれが事業年度の末日までに是正できなかった理由，③重要な評価手続が実施できなかったため，内部統制の評価結果を表明できない旨ならびに実施できなかった評価手続およびその理由，のいずれかを記載することになっている。

　「重要な欠陥」とは，財務報告に重要な影響を及ぼす可能性が高い内部統制の不備をいう。内部統制に重要な欠陥が存在する場合に，直ちに有価証券報告書

に記載された財務報告が適正でないことを意味するわけではない。「今後改善を要する重要な課題」があることを開示することに意義があるとされる。

　青山学院大学の矢澤准教授の論文（矢澤 2012）では，導入初年度である2009年3月期に重要な欠陥を開示した企業は56社（開示企業全体の2.17%）であったが，10年3月期は22社（0.86%），11年3月期にはわずか8社（0.31%）にまで減少していることが示されている。この数値だけみれば日本企業の内部統制はほぼすべて有効に機能しているということになる。一方で，オリンパスや大王製紙など不正会計等の発覚により，過去の内部統制報告書を訂正する企業が後を絶たない。この状況に対して矢澤准教授は，果たして，経営者による内部統制の評価を監査人が独立した立場から監査するという内部統制監査は有効に機能しているのか，議論の余地があるとしている。

5　CSVを達成するために

　近時は社会の持続的な発展に寄与することで企業の長期的な成長を図るサステナブル経営や，さまざまな社会的課題の解決が企業価値の向上につながるというCSVなど新しい概念も登場している。CSVを達成している企業は，経営者の意識が高く，従業員の中にもそうした意識が浸透している。したがって現場への権限移譲も進み，すばやい意思決定も行われる。さまざまなステークホルダーとの関係性を考慮しており，自社の強み，立ち位置を理解しているため適切な経営資源を持っている。必要以上に資源を抱え込まないため柔軟な経営が可能となる。そのためCSVを達成している企業は，リスクマネジメントの能力にも優れている可能性が高い。しかしながらCSVが実践できている企業は非常に限られた一部の企業である。問題は多くの企業がどうやってその域に近づけるかである。企業は存立の基盤として社会との関係を考慮したCSVが重要であるが，それに向けて危機への対応力，柔軟な回復力や変化のスピード，対応できる人材の育成といったレジリエンスの要素を備えることがまずは求められる。こうした要素を備え，またその中から社会的課題を発見し社会との関係を模索することで企業価値を創出することができる。

第8章
リスクコミュニケーションの重要性

- ▶リスクコミュニケーションに関する議論の背景としては，国土強靱化の議論，投資家によるリスク評価のニーズ，国際会計基準，統合報告など非財務情報開示の進展があげられる。
- ▶開示の理由を説明する理論としてエージェンシー理論とステークホルダー理論がある。
- ▶統合報告書に対しては，既存の報告書をまとめただけで，企業価値向上への説明につながっていないという意見や，今まで環境報告書やCSR報告書に記載されていた専門的な内容が減少するという指摘もある。

1 リスクコミュニケーションに関する議論の背景

　企業のリスクコミュニケーションについて，議論の背景についていくつかのトピックをとり上げる。

(1) 国土強靱化の議論

　国土強靱化の議論については，「ナショナル・レジリエンス（防災・減災）懇談会」での検討を踏まえ，2013年5月に関係府省庁連絡会議において「国土強靱化推進に向けた当面の対応」がとりまとめられ，国土強靱化の戦略的な推進が打ち出された。

その中で，日本の大規模自然災害等に対する脆弱性を調査する必要性がうたわれている。想定するリスクとしては大規模自然災害をとり上げ，目標として起きてはならない45の最悪の事態を選び，それに対して，12項目の個別施策分野（行政機能/警察・消防等，住宅・都市，保健医療・福祉，エネルギー，金融，情報通信，産業構造，交通・物流，農林水産，国土保全，環境，土地利用（国土利用））と3項目の横断的分野（リスクコミュニケーション，老朽化対策，研究開発）を示している。

その1つであるリスクコミュニケーションについては推進指針の中で，大きく①国や地方公共団体，国民や民間事業者等すべての関係者が参加した自発的な取組みを双方向のコミュニケーションにより促進する，②リスクコミュニケーションを進めるうえで基本となる地域コミュニティを強化する，③国土強靱化に対する国民の意識を高めるためのコンテンツの開発やリスク情報のデータベース化を行う，④国土強靱化に関する各分野への民間投資を促進する，の4点が示された（「国土強靱化に向けた取組みについて」平成26年6月 内閣官房国土強靱化推進室）。

(2) 投資家によるリスク評価のニーズ

2つ目は，リスク管理活動に対して，「投資家がどのような評価を行えばよいのか」，そのあり方を示す必要性が高まっている点にある。企業アナリストなどに対する筆者らのヒアリング調査によれば，企業のリスク管理活動については，「起こってみなければその効果はわからない」と言及するアナリストも少なからず存在し，その活動を企業評価にどのように反映させるべきかについては必ずしも明らかにされていないのが現状である。

東日本大震災の教訓から，投資家は有事に備えたサプライチェーンの把握や耐久性の強化，およびこれらを支えるしくみとしてのリスクマネジメントの構築を求めている。リスクマネジメントを開示している企業をどのように評価に反映させるかという点については明らかになっていない。ISO22301や日本政策投資銀行のBCM格付融資などの評価の動きはあるものの，今後さらなる進展が期待されている（**図表8-1**）。

図表8-1　リスクマネジメントをめぐる最近の動き

（企　業）		（ステークホルダー）
低頻度，測定可能性が低いリスクへの対応		サプライチェーンの問題など企業のリスクマネジメントへの関心

リスクマネジメントの評価・活用
第三者認証
市場の評価
ステークホルダーからの評価

リスクマネジメント促進策
格付融資
競争力強化
国土強靱化計画

(3) 国際会計基準，統合報告などにおける非財務情報開示の進展

　2005年10月にはIASB（国際会計基準審議会）がディスカッション・ペーパー「経営者による説明」（Management Commentary：MC)を公表し，情報利用者のニーズと財務諸表における情報のギャップを埋めるためには，非財務情報の開示が必要であることを示している。この点について，一橋大学の伊藤教授は，国際財務報告基準（International Financial Reporting Standards：IFRS）は企業がその時点で抱える潜在的リスクまで開示するという発想をもつ会計基準であることを指摘しており（伊藤 2010b)，現在の財務諸表以上の情報が要求されることになる。さらに青山学院大学の小西教授の論文(2012)でもIFRSは資産および負債に関連するリスクを財務諸表に積極的に反映させようとしているが，リスクは即座に財務諸表に反映されるとは限らないので，財務諸表の数値から直接的に読み取ることが困難な企業のリスクを説明的に記述して，財務諸表の追加的あるいは補完的な情報を開示しなければならない点が述べられている。そうした点でリスク情報開示に対する必要性が高まることが予想される。

　実際に，IASBが2010年12月に公表した実践基準書（Practical Statement）で

は，①事業の性質，②目標・戦略，③資源・リスク・関係，④結果や見込み，⑤業績指標の5つに区分して報告することが推奨されている（加賀谷 2012）。その企業にとって重要な資源の特定，リスクへの対応策や有効性の開示，効果の測定といった一連の流れはリスクマネジメントの構築・開示と関連性が深い内容となっている。

また，一橋大学の加賀谷准教授は，有事の際には株主，経営者，その他のステークホルダーがリスクの影響を最小にとどめ，早期回復を目指す意図で一致するケースが多いため，本来は効果が測定できない活動の成果が顕在化しやすい点を指摘している。したがって事前に当該活動を報告している企業とそうでない企業の識別が可能となる。そのため平時からステークホルダーと円滑かつ安定的な関係を構築しておくことが重要となる（加賀谷 2011b）。

以上のように非財務情報開示の議論が進む中で，リスクに関する情報は財務と非財務を結びつける重要な要素であることに加え，さまざまなステークホルダーとの間の継続的・安定的なコミュニケーションを図るうえで欠かせない機能をもっていると考えられる。

2 リスク情報の位置づけ

リスク情報に関する分野の研究は，幅広く行われている。たとえば，コロンビア大学ビジネススクールのRajgopalの研究では石油・ガス企業の株価と石油価格やガス価格の変化情報には関連があることが主張されている（Rajgopal 1999）。こうした定量評価が可能な限られた分野においては投資家に対して有用な情報が提供される可能性が高い。

それでは定性的な情報の場合はどうであろうか。南カリフォルニア大学のOgnevaらの研究（Ogneva et al. 2007）では，内部統制の欠陥と資本コストの関係に注目し，内部統制の欠陥がガバナンスの低下やビジネスリスクの上昇をもたらすことで資本コストの上昇につながることが指摘されている。さらにアリゾナ大学のDhaliwalらの研究（Dhaliwal et al. 2011）はCSRと株主資本コストの関係を調べ，株主資本コストの高い企業は翌年CSRの開示を増やすこと

で株主資本コストを下げようとする傾向にあることを示した。このように定性的な情報の分野においても，内部統制やCSRの開示など平時のマネジメントに対して開示効果を分析した研究成果の蓄積はなされている。

　しかしこれらの先行研究では主に平時を想定した企業情報に焦点が当てられており，地震などの自然災害や新型インフルエンザといった有事や低頻度で測定可能性が低いタイプのリスクを企業が開示した場合の効果についてはほとんど検証がなされていない。そのため地震などの自然災害や新型インフルエンザといった低頻度で測定可能性が低い事象に対するリスク情報がどのような効果を持つのかを検証することが重要である。

　そこで最初に，情報開示におけるリスク情報の位置づけを整理する。企業の情報開示は，財務諸表などの「法定開示」と社会環境報告書のような「自発的開示」の情報に分けることができる。さらにもう1つの軸として，決算情報や業績予想などの「財務情報」とガバナンスに関する情報などの「非財務情報」に分類することができる。この中でリスクに関する情報は，有価証券報告書の「事業等のリスク」などの法定開示と社会環境報告書などに記載される自発的開示の両方が含まれる（**図表8-2**）。

図表8-2　リスク情報開示の位置づけ

	法定開示	自発的開示
財務情報	財務諸表 決算情報	業績予測
非財務情報	ガバナンスに関する情報 内部統制報告書 財政状態または経営成績の分析	社会環境報告書 中期経営計画 知的財産報告書
	リスクに関する情報	

（出所）　経済産業省（2007）を参考に作成。

3 情報開示に関する理論

　ここでは情報開示に関する理論について触れておきたい。

　情報の非対称性が引き起こす問題としては逆選択やモラルハザードの問題があげられる。逆選択については，ノーベル賞をとった経済学者であるジョージ・アーサー・アカロフが中古車市場を例にあげて説明している（Akerlof 1970）。株式市場においては，高収益が期待される企業は株価が高く，低収益の企業は株価が低い。情報の非対称性があると，投資家はその企業の内容を判断することができない。そのため高収益企業は適正な評価を市場から受けられないため市場への参加をやめる。その結果，市場の参加者は低収益企業ばかりとなってしまう。モラルハザードは，情報優位にある企業が情報の多いことを利用して機会主義的な行動をとることを指す。有名な経済学者のケネス・ジョセフ・アローが，保険契約の際に保険を十分にかけると，個人が健康に注意しなくなり，逆に保険金支払いが増大してしまう現象を指摘したことにはじまる（Arrow 1963）。投資家は経営者の努力水準などの情報がわからないため，経営者は努力を怠ったり，または努力水準に関して虚偽の報告を行うことが起きるというものである。情報の非対称性がもたらす経済的な問題については，こうしたエージェンシー理論に基づく説明がなされるケースが多い。

　一方で，もう1つの考え方として，さまざまなステークホルダーとの関係性を考慮するステークホルダー理論があげられる。そこでは，長期的な企業価値を最大化するためには，さまざまなステークホルダーとの関係を維持することが大切であるとしている。ステークホルダー理論では，幅広いステークホルダーとの関係を考慮することで，さまざまなタイプのリスクへ対応する機会が増加すると考えている。このように従来，情報の非対称性についてはエージェンシー理論やステークホルダー理論と関連づけることで議論が進められてきた。

4 リスク情報のタイプで開示効果に差があるのか？

　低頻度で測定可能性が低い事象に対するリスク情報がどのような効果を持つのか，という疑問に答えるため，リスク情報をリスクが発生する頻度とリスクそのものの測定可能性によって4つのタイプに分類することで見ていこう（第5章図表5-1参照）。4つのタイプに分類することで，リスクを相対的に比較でき，開示効果の相違を明確にするためである。その中で頻度が低く測定可能性が低いタイプのリスクとしては地震，津波などの自然災害や新型インフルエンザなどのリスクがあげられる。このタイプのリスクは頻度や測定可能性の点でリスク情報の把握が難しいと思われるため，他のタイプのリスクとは情報の開示効果に違いがあると考えられる。

　頻度が高く測定可能性が高いリスクとして市場リスク，頻度は低く測定可能性が高いリスクとして訴訟リスク，頻度は高いが測定可能性が低いリスクとしてオペレーショナルリスクなどが例としてはあげられる。既述のとおり地震，津波などの大きな自然災害や新型インフルエンザなどのリスクは，頻度や測定可能性の点でリスク情報の把握が難しいと思われるため，他のタイプのリスクと情報の開示効果に違いがあると考えられる。そこで本節では，リスク情報のタイプの違いで情報開示効果にどのような違いがあるのかを検討する。

　情報開示の要因として，経営者と株主の間にはエージェンシー問題があり，その主因は情報の非対称性であると考えられる。それを解消するための手段として情報開示を行うことで経営者は投資家との間の情報の非対称性を解消しようとする。頻度が低く測定可能性が低いタイプのリスクを，理論的な枠組みの中で整理すると，エージェンシー理論でいわれる情報の非対称性の解消は容易ではなく，モラルハザードや逆選択の問題が深刻になると考えられる。さらにステークホルダー理論において従来から対応していた「頻度が高く測定可能性が高いリスク」，「頻度は低く測定可能性が高いリスク」，「頻度は高いが測定可能性が低いリスク」におけるステークホルダー以外にも対応する必要が出てきた。つまり今まで対応する機会が少なかったステークホルダーとの関係を構築する必要が出てきたといえる。この点が通常の情報開示効果と異なる点である。

5 非財務情報の開示に求められるもの

1節で述べたとおりリスクコミュニケーションに関する議論の背景として，非財務情報開示の進展がある。近時，非財務情報を代表するものとして Environment（環境），Social（社会），Governance（ガバナンス）の頭文字をとってESG 情報があるといわれている。ESG 情報を通じて企業との対話を図り，企業価値を評価することが重要となっている。そのため，ESG の情報に関してより踏み込んだ情報の開示が要求されるようになった。しかしながら単純に ESG 情報の開示を増加させることが企業価値の増加につながるわけではない。ESG 情報と企業価値をつなげるために以下の4つの視点が必要となる。

1つ目は，過去の情報だけでなく，設備投資に関する情報など将来につながる情報が重要である。ESG 情報が少なかった時代は，過去の情報であってもESG 情報として価値は高かったが，これからは一歩踏み込んだ将来情報が要求される。

2つ目は，個々の業界にとって重要な情報（マテリアリティ）が何かを特定し，それに対して企業がどのように取り組んでいるのかという情報である。マテリアリティはその企業にとって，チャンスにもリスクにもなる事項である。自動車産業を例にとれば，「将来，化石燃料が利用できなくなるときに備え，電気自動車，燃料電池自動車など新しいタイプの自動車の開発に対してどのようなシナリオを描いているか」を企業にたずねることがあげられる。

3つ目は，ESG 情報をどう経営戦略の中に位置づけるかである。ESG の情報も投資家からみれば，最終的には財務情報に転換する必要がある。そのため，ESG 情報が経営戦略の中に位置づけられ，それに対する KPI（主要業績指標）が定められ，さらには経営者の評価や報酬体系にまで織り込まれていれば，信頼性の高い情報となり財務情報への転換も容易となる。

4つ目は，ESG 情報の信頼性に対する担保である。単に情報を出すレベルから，将来的には情報を保証するという質の高さが求められる。

以上のような視点が織り込まれている事例として，2014年度東京証券取引所企業価値向上表彰で「大賞」を受賞したオムロンの統合報告書（統合レポート）

があげられる(**図表 8 - 3**)。そこでは自社のマテリアリティを特定し，将来情報として投資計画の内容を開示している。さらに KPI を設定し，統合レポートに関して第三者による保証を受けている。上記 4 つのポイントが網羅されていることがわかる。

図表 8 - 3 オムロンの統合報告書（統合レポート2015）抜粋

重要な情報（マテリアリティ）が何かを特定 (p.30)

　オムロンには大きく 6 つの事業セグメントがありますが，もうひとつ下の階層では100近い事業ユニットに分けることができます。その事業ユニットをポートフォリオマネジメントの対象にしています。ポートフォリオマネジメントは収益性（ROIC）を横軸，成長性（売上高成長率）を縦軸におき，事業ユニットを 4 つのカテゴリ（S，A，B，C）に分けて行っています。（中略）100近い事業ユニットのひとつひとつの規模は決して大きいわけではなく，オムロンは中・小型事業の集合体とも言えます。センシング＆コントロール技術に基づいて作り上げた競争力の高い商品を，100近い事業分野でグローバルに展開している点が重要です。また，数が多いからこそ，ポートフォリオマネジメントの必要性が高まっています。今後も徹底したポートフォリオマネジメントにより資源配分を最適化し，事業ユニットの強化，企業価値向上につなげてまいります。

将来情報 (p.31)

　新興国での飛躍的な成長の実現に向け，2014年10月にブラジルにおけるネブライザのトップメーカー（NS 社：NS Industria de Aparelhos Medicos Ltda.）を買収しました。この買収により，ヘルスケア事業のネブライザはグローバルでトップシェアとなりました。さらに NS 社のブラジル内の販路を獲得したことで，課題であったブラジル市場で血圧計を2014年度に一気にトップシェアに引き上げました。また，バックライト事業では旺盛な需要を獲得するべく，投資を加速させています。EARTH-1 STAGE（2014～2016年度）の方針である「自走的な成長構造の確立」を実現するため，EARTH-1 STAGE の間にオムロン全体で1,000億円規模の成長投資を想定しています。今後も着実に成長投資を実行し，事業成長を実現させてまいります。

ESG 情報をどう経営戦略のなかに位置づけるか (p.32)

　オムロンの ROIC（投下資本利益率）経営は大きく 2 つの取り組みで成り立っています。1 つ目は「ROIC 逆ツリー展開」，2 つ目が「ポートフォリオマネジメント」です。我々はこの ROIC を，中期経営計画の中で最も重視する指標の一つとして設定しています。

ESG 情報の信頼性に対する担保 (p.92)

　オムロンでは「統合レポート2015」の正確性および客観性の向上のため，第三者保証プロセスを重視しています。そのため，本レポートに記載されている下記の情報について，外部の第三者による保証を受けています。

6 統合報告書への期待と不安

　情報開示の中で最近とりあげられることが多い統合報告書の動きを整理してみよう。英国チャールズ皇太子が立ち上げたサステナビリティに関するプロジェクトであるA4S（Accounting for Sustainability）とサステナビリティに関するガイドラインを作成しているGRI（Global Reporting Initiative）が主導する形で2010年8月に国際統合報告委員会（IIRC：International Integrated Reporting Committee のちに Council に改称）が設立され，国際的にも検討が始まった。IIRCは2011年9月にディスカッション・ペーパーである「統合報告の方向性（Toward Integrated Reporting）」を公表している。この中では，今までCSR報告書などで開示されていた環境や社会性に関する情報だけでなく，財務資本，製造資本，人的資本，知的資本，自然資本，社会資本の6つの資本をあげて，そうした情報を財務情報と統合して報告する必要性が述べられている。

　次に統合報告書とリスク情報の関係についてみていこう。近時，財務情報・非財務情報の双方でリスク情報に対する有用性が高まっているため，リスク情報という切り口が統合報告を進めるきっかけとなる。青山学院大学の小西教授も，リスク情報は財務情報にも非財務情報にも反映されており，それらの情報を有機的に結びつけるための「要の概念」であるとしている（小西 2012）。

　統合報告の目的としては，幅広いステークホルダーとの関係を考慮することがあげられる。リスクマネジメントに関する内容は他の統合報告の内容に比べ，経営戦略に直結する部分が多いことから，ステークホルダーとの関係において財務情報との距離が近いものと思われる。したがってリスクマネジメントは財務と非財務の間を埋めるための重要な要素の1つとしてとらえられる。

　一方で，統合報告書全般の内容に関しては以下のような不安もある。報告書の中には財務情報とCSR報告書などを単純に結合しただけのものも多く，統合報告によって企業価値が向上する点を説明することとは大きな隔たりがある。さらに6つの資本を使って具体的にどのような説明を行うかについては各社とも模索している状況である。また，外部のステークホルダーからは，統合報告書の発行によって，今まで環境報告書やCSR報告書に記載されていた専門的

図表 8-4　統合報告書の状況

発行企業数205社

開示概要	比率
ビジネスモデルを開示している企業	44%
社外取締役のスキル・経歴・専任理由を開示している企業	55%
マテリアリティの結果を開示している企業	15%
開示されているKPIのうち非財務のKPIの比率	27%
リスク情報の独立したセクションを設けている企業	52%
組織固有のリスクを開示している企業	70%
リスクの潜在的影響を明示している企業	38%
リスク管理方針・管理状況を開示している企業	38%

（出所）　KPMG「日本企業の統合報告書に関する調査2015」より作成。

な内容が少なくなる点が懸念されている。

　KPMGジャパンがまとめた「日本企業の統合報告書に関する調査2015」によれば，2015年には200社以上の企業が統合報告書の作成を行っており，東証一部の上場企業を中心に普及が進んでいる（**図表 8-4**）。

　内容については「ビジネスモデルを開示している企業」の割合は44％，「社外取締役のスキル・経歴・専任理由を開示している企業」の割合は55％である。一方で，「マテリアリティ（重要な課題）の結果を開示している企業」の割合は15％にとどまった。さらに開示されているKPI（主要業績指標）のうち非財務のKPIは27％にとどまっている。リスク情報に関する開示については，「リスク情報の独立したセクションを設けている企業」の割合は52％となったが，「組織固有のリスクについて説明がない企業」が30％も存在している。さらに「リスクの潜在的影響を明示している企業」の割合は38％に，「リスク管理方針・管理状況を開示している企業」の割合は38％にとどまった。開示に一定の効果があることを前提にした場合は，非財務情報に関するKPIやマテリアリティ，そしてリスク情報については改善の余地がまだ大きいことがうかがえる。

第9章 知られていない リスクマネジメントの効果

Point

▶ 1つ目はオペレーショナルな効果として，グループ間の連携やサプライチェーンでの効果に加え，社内への波及効果があげられる。
▶ 2つ目の効果は，アナリストからの評価やレピュテーションの向上である。
▶ 3つ目は経済的な効果として，業績予想精度の向上や資本コストの低減，さらにはイベント発生時に株価の変化を緩和する効果が認められる。

ここでは，リスクマネジメントが企業評価や取引先の信頼向上に効果を発揮したケースを①オペレーショナルな効果，②レピュテーションの向上，③経済的効果の3点から示してみよう。

1 オペレーショナルな効果

(1) グループ間での連携

電機メーカーの富士通では，デスクトップパソコン（PC）を生産する福島県にあったグループ会社の工場が被災した際に，「2日後には生産をノートPCの生産拠点である島根県のグループ工場に移すことを決定。その10日後には島根でデスクトップPCの生産を開始した」（日経ビジネス2011年5月30日 p.58）。事前

に具体的な生産移管体制まで準備することは費用対効果の面で難しかったが，工場間で代替のための訓練や情報共有は行っていた。もし事前に検討さえもしていなければ復旧にさらに時間がかかっていた可能性がある。震災の直後は企業間でさまざまなリソースの奪い合いになるので，初動をいかにスムーズに実施するかは，その後の生産復旧に大きな影響を与える。最初の一歩の差が1週間，1ヵ月後には大きな差になってしまう。企業内および企業間でリスクマネジメントに関する情報を共有することができれば初動に大きなプラスとなる。

(2) サプライチェーンでの効果

自動車業界や電機業界においては取引先企業からBCPへの対応を確認するアンケートや指導が増加している。ある自動車部品企業では調査票に回答するような受動的な対応にとどまることなく，先手を打ってBCPを取引先に配布することで宣伝効果を得るとともに売上の増加につなげている。

一方で親会社やサプライチェーンの上流にある企業からは，BCPを開示することで，サプライチェーンの先にある企業に対して，自主的な取組みを促す効果があると考えられる。取引先の会合を通じてBCPの策定やレベルアップを要請するケースが増加している。ある自動車部品メーカーでは，事業継続に関する情報を継続的に開示したところ，顧客との関係が良好になり取引先の拡大につながった。開示の際には，顧客に対して平時に自社が取り組んでいる方策が，いかに持続可能な内容であるかを丁寧に説明することがポイントとなる。

(3) 供給責任への対応

ニッポン高度紙工業はアルミ電解コンデンサ用セパレータでは国内外で高いシェアを有している。供給責任の観点から生産拠点を分散することにより，大規模地震等による同時被害リスクを軽減させ，安定供給体制の強化を図ることが最も重要な経営課題となっていた。そのため同社はBCPの観点から鳥取県米子市に新工場を2012年10月に稼動させた（同社ホームページより）。こうした取組みにより取引先への供給責任を果たす姿勢を明確にしたことで信頼を得た事例である。

(4) 社内への波及効果

　ある住宅機器メーカーでは有価証券報告書の事業等のリスクを毎年，積極的に見直している。これをベースにリスクマネジメントの「見える化」を図り，ホームページにおいてリスク対応力評価表とBCPの内容を社内外に公表している。こうした平時からの取組みによって，東日本大震災において東北地域にある生産・販売・物流など多くの拠点が被災したものの，対策本部の設置や対応方針が共有できたことで速やかな復旧に結びついた。

　電子部品メーカーのアルプス電気では，同社のCSRレポートの中に以下の記載がある「CSR部が主管となり，リスクマネジメントを推進している。主に地震や火災などの災害ならびに新型インフルエンザなどへの対応を実施している。また，BCP（事業継続計画）の策定や，各拠点の状況を踏まえた個別の危機管理マニュアルの作成指導などを行い，全社的に体系化されたリスク管理体制の整備を進めている（同社CSRレポート　2012，部名等は当時の名称）」。こうした取組みが東日本大震災において東北地域に多くの拠点を有しながら，早期に復旧を可能にした1つの要因であると考えられる。

　またある自動車部品メーカーでは実践的な訓練やイントラネットでの情報開示を通じて社内へリスク対応を浸透させることに注力していた。そうした取組みが功を奏し，東日本大震災発生時に災害対策本部をスムーズに立ち上げることができ，社内の役割分担が順調に進んだ。

2　レピュテーションの向上

(1) 社会的な要請

　東日本大震災の際には，ショッピングセンターなど多数の店舗が地震・津波による直接的な被害を受けたほか，停電やサプライチェーンの途絶，原発事故の影響もあり，多くの店舗が営業停止に追い込まれた。内閣府の調査（インフラ等の被害・復旧状況（岩手県，宮城県，福島県中心）平成23年7月14日現在）では，

震災直後は，被災地にある総合スーパーの約3割，コンビニ店舗の4割強が営業を停止したとされる。こうした状況にあって，多くの事業者が地域住民のニーズに応えるべく営業継続に注力し，また，復旧に向けて支援部隊の派遣や燃料の確保などの対策を講じた。これらの対応により営業休止をやむなくされた店舗も，多くは1～2週間以内に営業を再開することができた。また，一部の事業者においては，避難場所の提供，仮設店舗での営業継続，さらには自治体との支援協定に基づく救援物資の提供など被災地の生活維持・再建に大きく貢献した。本業以外にも募金活動や非常用電話や無線ブロードバンド環境の提供などの取組みを行った企業もある（産業構造審議会流通部会報告書．2012．「新たなライフラインとして生活と文化を支え，地域に根付き，海外に伸びる流通業」）。以上のような幅広い取組みを実施したことで，ショッピングセンターが地域の重要なインフラであることが認識された。今後さらに地域とWIN-WINの関係を構築していくことが期待される。

　また，別の企業ではホームページでBCPに関する情報開示を平時から進めたことで，東日本大震災の際にも地域住民への説明が容易となった。自治体への支援要請もスムーズに行われ支援が迅速に受けられた。さらに株主からは燃料などの調達が速やかに得られたなどのメリットがあげられる。

(2) IRへの戦略的活用

　ある電子部品メーカーではBCPをCSR部門で担当している。ステークホルダーへの満足を与えることがCSRの目的であるが，それを実践するための土台としてリスクマネジメントが存在し，その重要な1つとしてBCPを位置づけている。BCPの開示内容はあくまで概要的なもので，取引先に対してはもっと詳細な開示を行っている。CSRの開示はステークホルダーに対する幅広い内容なのに対し，BCPはステークホルダーの中でも事業に近い部分の内容が多く，財務へのつながりが強いと思われるため戦略的な活用を考えている。将来的には統合報告書も検討しているが，その中でもBCPは財務と非財務の間を埋める要素ととらえている。社会環境報告書では各事業所のリスク（代替性）を分析していることが記載されている。こうした内容を開示していることは新興国などへの営業の際にもプラスに働いている。

(3) アナリストからの評価

　評価会社や証券会社が企業評価の際に行う質問項目の中に，リスク事項に関する質問が増加している。しかも従来は BCP 策定の有無，訓練実施の有無を単純に聞くものが多かったが，近時は情報開示や訓練内容について問われるケースもある。評価内容の高度化に対応して従前の消防訓練だけでなく，シミュレーション訓練を開始した企業もあった。企業のアナリストも従来は CSR の延長ないしは一般的なリスクの一部としてこの問題をとらえていたが，東日本大震災を契機にいっそうリスクマネジメントへの認識を高めたものと思われる。

　ある自動車関連企業では，2011年の夏に海外の格付会社の評価が 1 ノッチアップした。これは直接的には東日本大震災の復旧が予定より早まったことが理由であるが，その背景には従来より有価証券報告書でリスク内容を記載し，その対応方法をアニュアル・レポートで記述していた開示戦略が効果を発揮したと考えられる。

(4) 平時の取引の拡大

　岡山県で自動車部品の生産を行う賀陽技研は，生産設備が損壊するような大災害に備えるためには代替戦略が不可欠と判断して，岡山県から離れている新潟県の複数企業と連携関係を構築した。協定書を締結しただけではなく，実際に金型を動かし，加工することにより品質にも問題がないことを確認している（事業継続推進機構「BCAO アワード2014審査結果」）。

　連携を行うことで，苦手とする技術を補うことも可能となり，今まで手薄であった市場の顧客開拓もできるようになった。同業他社との間で BCP のネットワークを構築するだけでなく，平時における取引の拡大にもつなげている事例といえる。

(5) グループ企業を含めた経営戦略の構築

　SG ホールディングスは佐川急便を中核企業として24の国・地域に関係会社100社をもつ総合物流会社で，傘下の企業を巻き込んだ BCP の策定および運用を経営戦略の一環として行っている。

BCP策定の過程でBIA（ビジネスインパクト分析）を実施し，各業務内容や各部門のつながりなどを確認・調整した。その作業の中で業務の改善・変革も並行して実施することで，業務の標準化や効率化の面でも大きな効果を得ている。

訓練はグループの枠を超え，荷主企業，外部企業・機関，さらには海外にまで範囲を広げて実施している。また，有識者，行政，荷主企業等を招いたステークホルダー・ダイアログ（双方向の対話）を通して，社外からの意見を収集し，それをBCPに積極的に取り込んでいる（事業継続推進機構「BCAOアワード2014審査結果」）。

SGホールディングスの事例は，有事にどどまらない効果を実現していること，グループも含めた広範な領域で取り組むことで実効性を高めている点が特徴的である。

3 経済的効果は存在するか？

次にリスクマネジメントの経済的な効果について説明したい。

(1) 業績予想精度の向上

近年，地震やパンデミックなど企業の事業継続を危うくさせる事象が頻発している。これを受けて，近年，内閣府などを中心にBCPへの取組みを加速させる動きが増大している。にもかかわらず，企業サイドではBCPへの取組みが十分に浸透していないのが現状である。こうした理由の1つとして，企業経営者がその経済効果を必ずしも体感できず，当該取組みをコストとして見てきたことが背景にあることが挙げられる。日本企業の場合，1年先の業績予想を決算短信などで公表するが，業績予想と実績の差を表す業績予想精度が高いことは，投資家などに安心感を与え，企業経営にとってプラスであるといわれている。BCPの取組みが業績予想精度を向上させるなど一定の成果をもたらすことを確認できれば，企業経営者による取組みを加速させる可能性もある。

企業のリスク管理活動については，「起こってみなければその効果はわからない」と言及するアナリストも少なからず存在し，その活動を企業評価にどのよ

うに反映させるべきかについては明らかではない。しかしながら，BCPは単に「備え」としてのリスク管理活動にとどまらず，業務プロセスの見直しなどが求められるケースが少なくない。BCPを策定することで業務プロセスの可視化が容易となり，それが業務プロセスの改善につながると考えられる。具体的には，東日本大震災等を経て自動車関連メーカーでは業務プロセスの可視化を図る中で，在庫の積み増し，重要部品の二重購買によって有事に対応できる在庫水準を確保している例や，一部部品の仕様を統一化することにより，柔軟な設計変更が可能となっている例があげられる。そうした意味で，BCPへの取組みは，有事ばかりではなく，平時にもその効果を発揮できる活動である。たとえば情報処理等の業務でサービスレベル・アグリーメントを締結する場合，サービスの中断による事業活動への影響は抑えることができる。他にも重要製品の2社購買や生産ラインの複数化により安定的な調達・生産が可能となることがあげられる。BCPを策定する際にビジネスモデルの可視化が図られることで，早い段階でのリスク対応が可能となる。それにより予期せぬ損失の増大を防げる可能性が高まることで，仮にBCPへの取り組みが業績予想の精度などに影響を与えるのであれば，資本コストの低減など投資家の企業に対する評価にもつながる可能性がある。

　野田・加賀谷（2011）の検証からは，BCPを具体的な取組みや活動にまで落とし込むことができている企業は業績予想精度が高いという結果となった。では，なぜBCPの具体的な取組みは業績予想精度を向上させるのか。

　従来のリスクマネジメントや企業のもつ重要な要素を可視化するための業績評価手法であるバランスト・スコアカードに比べ，BCPを策定するにあたっては，リスク事象などの発生時に自社に与える影響を分析したうえで，事業ごとの継続やリカバリーの優先度を決定する必要がある。そうした影響度の分析を通じて，主力事業とサプライチェーンやその他事業との関係性がより的確に把握できるようになる。こうして可視化が進んだ場合，重要な業務を継続するためには，その拠点で復旧できない大きな災害等の場合，バックアップオフィスや代替生産可能な工場の確保が不可欠であるという判断を行うことになる。代替性の確保を図ることで予期せぬ損失を防げる可能性が高まる。また予期せぬ損失を低減することでキャッシュフローや損益が安定し，期初の業績予想精度

が向上すると考えられる。

(2) 資本コストの低減

次に外部効果として企業が資金調達の際にかかるコストである資本コストに与える影響について見ていきたい。有事のマネジメントについての開示効果がどのような経済効果を持つかについては今までほとんど明らかにされていないためである。

情報開示においては，開示情報の精度が向上することで経営者と投資家の情報の非対称性が減少し，それが資本コストの低下につながると考えられている。その中で，BCPを開示している企業は，低頻度で測定可能性が低いタイプのリスクに対しても対応が可能であることが期待されることから，情報開示の分野で数学的なモデルを示した Diamond and Verrecchia (1991) らの理論に基づけば，そうした状況においても投資家は取引を維持・増加させる。それが資本コストの低下につながると考えられる。以上の点を踏まえ BCP の開示と資本コストの関係についての理論的なメカニズムについては，従来とは異なる側面を解明する必要がある。

検証の結果（野田 2012）では，以下のようになった。有価証券報告書におけるBCP開示企業の中で「コーポレート・ガバナンスの状況等」においてBCPを開示した企業は，非開示企業に比べ資本コストが低い。それに対し，「対処すべき課題」で開示した企業は資本コストが高い結果が示された。さらに「事業等のリスク」での開示は明確な結果は出なかった。

以上の結果に対して1つの解釈として，「事業等のリスク」での開示は将来的な課題を認識しているにすぎないと考えられる。加えて対応策の実施などの短期的なコストの発生が不明なので，非開示企業と同様の評価にとどまると考えられる。よって効果に（有意な）差がない。一方で，「対処すべき課題」での開示はBCP（プラン）の策定とそれに伴う対応策の実施のため短期的に相応のコストが発生しマイナスの評価となる。さらにその効果を実現するための体制が明確でないため，その効果が測れず，短期的なコストの発生がより強く投資家には認識される。それに対し，「コーポレート・ガバナンスの状況等」での開示は，その実効を担保する体制があると考えられ，そのコストを上回る効果が発

生すると思われる。その点が投資家から評価されることで資本コストが低下する可能性があると考えた。

以上の結果から，投資家はBCPの開示だけではなく，背後にあるマネジメントについてもあわせて確認している可能性があることがわかる。一方，企業側からはBCPを通じた企業の事業継続能力を的確に投資家等のステークホルダーに説明していくことが不可欠であるが，その際に単にBCPを開示するだけでなく，その実行を担保するためにマネジメントとの関係をより丁寧に説明するといった情報開示のあり方が問われることとなろう。BCPとその背後にあるマネジメント体制の開示が企業価値に影響していると考えられる。

⑶ イベント時におけるマイナス効果の緩和

情報開示による経済効果については主に平時を想定した企業情報に焦点が当てられており，低頻度・大被害をもたらす事象に対するリスクマネジメントを企業が開示した場合の効果についての検証は少ない。さらに有価証券報告書やCSR報告書といった開示媒体によって，あるいは繰り返し開示を行うような開示方法によって開示効果に差があるかは不明である。

金（2007），加賀谷（2009b），伊藤（2010a）は，リスク発生時などの有事に投資家がどのような意思決定を行うのか（有事価値関連性）を実証している。その効果を参照した場合，低頻度・大被害のリスクマネジメントに対しては，平時はその効果を実感しにくいことが考えられる一方で，実際のイベントが発生した後においては，リスクマネジメントの情報を投資家がより強く認識する可能性が高い。

また東日本大震災などの未曾有の危機を背景に，激変する外部環境へ適応し，持続的な企業価値創造を投資家などのステークホルダーに説明することが求められている。そのため企業の実態をより明確に説明する方法として財務情報と非財務情報を融合させた統合報告書をはじめとしたさまざまな開示が進められている。神戸大学の與三野准教授はその点を評し，企業は環境・社会と相互依存関係にあることを理解し，環境・社会との共生のためすべてのステークホルダーに明瞭かつ簡潔にメッセージを伝えることで社会から信任を得られると述べている（與三野 2012）。一方で，一橋大学の加賀谷准教授によれば，日本企業

は有価証券報告書に加え，アニュアル・レポート，環境報告書，CSR報告書など平均で6～7の報告書を作成しているが，こうした開示の拡充が有効に活用されていない可能性があることもまた指摘されている（加賀谷 2012）。こうした議論に対しても，有価証券報告書とCSR報告書のそれぞれの効果や補完性についての解明が待たれるところである。

　検証の結果（野田 2013）では，東日本大震災の影響を受けたサンプルで開示企業と非開示企業を比較した結果は，開示企業のほうが株価はポジティブに評価されている。有事の際に投資家は企業の危機管理に対する体制について強い関心を示す。地震や新型インフルエンザのような従来のリスクマネジメントでは対応が難しいリスクに対しては，BCPの開示情報が投資家に認識された結果と考えられる。

　次に，BCPを有価証券報告書で開示している企業とCSR報告書において開示している企業で，開示効果のタイミングに差がある可能性が示された。加えて，有価証券報告書でイベントが起こった年度だけでなく過去にも開示を実施したことがある企業について，株価に対してプラスの影響を与える結果となった。一方で，CSR報告書でイベントが起こった年度だけでなく過去にも開示を実施したことのある企業については，そうした傾向は確認できなかった。同じリスク情報であっても開示媒体や開示方法によって投資家の意思決定に異なる影響を与えている可能性がある。

　リスク情報に関して，ステークホルダーから求められる最低限の情報を開示するのではなく，ステークホルダーとの密接なコミュニケーションを図ることが重要であるという認識が徐々に広まりつつある。そうした中，企業側からはBCPを通じた企業の事業継続能力を的確に投資家等のステークホルダーに説明していくことが不可欠であるが，その際に単にBCPを開示するだけでなく，開示媒体を工夫することや継続的な開示を実施するといった情報開示のあり方が問われることとなろう。

第10章 企業評価とリスクマネジメントの変遷

Point

▶ 国際会計基準の導入や減損会計によって企業の業績変動が大きくなる可能性がある。
▶ 経営者はさまざまなインセンティブをもって行動する。経営者が取る行動の傾向を知ることができれば，将来起こるリスクとチャンスを予測することにつながる。
▶ 時代によって企業の目標とすべき指標は変遷してきた。それに伴いリスクマネジメントのやり方も変化する必要がある。

　近時，企業評価をめぐっては大きな変化が起こっている。その変化が企業のリスクを増幅させる可能性がある。そうした場合に備え，戦略的リスクマネジメントが必要となる。企業価値に対する分析の流れ（**図表10-1**）に従って順番に説明したい。

1　財務諸表とデータの活用

　最初に企業の財務諸表データを確認する。損益計算書・包括利益計算書（企業の経営成績を示す計算書），貸借対照表（企業の財政状態を示す計算書），キャッシュフロー計算書（企業のお金の変動を示す計算書），株主資本等変動計算書（株主に帰属する部分である株主資本の各項目の変動を示す計算書）の4つがあげられる。リ

図表10-1　企業価値に対する分析の流れ

```
┌─────────────────────────────────────────────┐
│         1節　財務諸表とデータの活用          │
└─────────────────────────────────────────────┘
┌──────┐   ┌──────────────┐   ┌──────┐
│5節    │   │2節　収益性分析│   │6節    │
│マクロ │ ⇒ │3節　安全性分析│ ⇒ │将来予測│
│指標分析│   │4節　キャッシュフロー分析│   │分析   │
└──────┘   └──────────────┘   └──────┘
┌─────────────────────────────────────────────┐
│         7節　企業行動分析                    │
└─────────────────────────────────────────────┘
┌─────────────────────────────────────────────┐
│         8節　企業価値評価                    │
│         9節　企業審査                        │
└─────────────────────────────────────────────┘
```

スクマネジメントの観点から見ると，財務諸表をチェックすることによって，1つには粉飾決算など意図的な操作を見つけること，もう1つは企業の存続にかかわる情報を発見することができる。さまざまなリスクを発見するために，以下の指摘事項をあげることができる。

(1) 定性情報関係
① 継続企業に関する注記がなされていないか。
② 事業等のリスクにおいて継続リスクの開示がされていないか確認する。
③ 対処すべき課題の記載内容を確認する。
④ 財政状態，経営成績およびキャッシュフローの状況の分析（MD&A）の内容を確認する。
⑤ コーポレート・ガバナンスの状況等に関して大きな変動がないかを確認する。

(2) 損益関係
① 売上，売上原価，販売管理費，営業外収益・費用は正しく分類，計上されているか。
② 関係会社売上高，仕入高で不自然なものはないか。
③ 割賦販売高の未実現利益繰延べは適切に処理されているか。
④ 営業外収入・費用で金額の大きいものはないか。
⑤ 特別損益の中で特に金額が大きいものは内容を確認する。

⑥ 税金関係の処理は適切か。
(3) 債権・債務関係
① 売上債権に対する貸倒引当金の設定は十分か。
② 長期滞留債権はないか。
③ 棚卸資産の評価は適切か。
④ 金銭債権債務はワン・イヤー・ルールに従って，流動資産・固定資産，流動負債・固定負債に分類されているか。
⑤ 役員関係の債権・債務について内容を確認する。
⑥ 仮払金，仮受金など金額の大きなものはないか。
(4) 会計処理（引当金，減損，無形資産）
① 有形固定資産の減価償却は，適切に実施されているか。償却不足，償却方法などの変更はないか。
② 無形資産の計上は適切か。
③ のれんの償却は適切か。
④ 減損処理の時期，金額は適切か。
⑤ 関係会社に関する投資は適切か。
⑥ 前受金，預り金の内容は適切か。
⑦ 前払費用，未払費用は適切に計上されているか。
⑧ 引当金は適切に計上，取り崩しはされているか。

　近時，企業のさまざまな情報はホームページに掲載されていることが多い。1つの代表的な事例として，アサヒグループホールディングスのホームページを示している（**図表10-2**）。ホームページの画面からは「経営方針」，「財務・業績情報」，「IRライブラリー」，「IRイベント」，「株式・債券情報」の大きく5つの項目を見ることができる。
　各項目の内容については日本証券アナリスト協会(2013)に説明があるが，ここでは財務情報，非財務情報の2つの側面から見ていきたい。
　まず「財務・業績情報」では，財務関連のさまざまなデータが記載されており，直近の財務データや業績の推移が確認できる。また，「株式・債券情報」では，株式や債券に関する基本的な情報（株価，主要株主）などが記載されてい

図表10-2　アサヒグループホールディングスのホームページ

株主・投資家のみなさまへ

経営方針
　トップメッセージ
　長期ビジョン
　中期経営方針
　コーポレート・ガバナンス
　ディスクロージャーポリシー
　事業等のリスク

財務・業績情報
　直近の業績
　財務ハイライト
　セグメント情報
　各種データ
　連結財務諸表
　貸借対照表
　損益計算書
　キャッシュ・フロー計算書
　月次販売情報

IRライブラリー
　決算短信
　ファクトブック
　統合報告書/アニュアルレポート
　有価証券報告書等
　株主通信
　CSRコミュニケーションレポート

IRイベント
　IRカレンダー
　決算説明会
　個人投資家向け説明会
　株主総会

株式・債券情報
　株式基本情報
　株式の状況
　配当情報
　社債・格付情報
　株価情報
　アナリスト・カバレッジ
　定款・株式取扱規程
　株式に関するお手続について

（出所）http://www.asahigroup-holdings.com/ir/ より抜粋。

る。

　以上の2つの項目に対して，「経営方針」には長期ビジョンが記載され，企業が進むべき方向性をつかむことができる。さらに中期経営方針が載っており，事業別の重点課題を確認することができる。またコーポレート・ガバナンスからは，企業が目標を実現するうえでの体制を見ることができる。これらの非財務情報は企業の長期的・持続的な観点から経営のリスクを見るうえで重要な情報となる。「IRライブラリー」の記載があるが，IRとはInvestor Relationsの略で投資家広報とよばれている。ファクトブックは過去の市場シェアなどが

載っており，業界の動向を確認できる。これ以外にCSRコミュニケーションレポートが記載されている。近時，幅広いステークホルダーとの関係を構築することが企業価値の向上やリスクの低減につながると考えられているためである。

以上のとおりWEBサイトの中には財務情報だけでなく非財務情報が多く含まれており，財務的な数字からは見えてこない企業のさまざまなリスク要因を探ることができる。

2 収益性分析

収益の獲得は企業にとって重要な目的であるため，利益に関連した収益性の分析はリスクマネジメント上重要な項目となる。

(1) 主要な収益性分析指標

主要な収益性分析の項目は以下のとおりである。企業の状況に関するどの項目を見たいかによって使用する収益率が変わることになる。

$$売上高〇〇利益率 = \frac{〇〇利益}{売上高} \times 100 \quad (〇〇の部分が変わる)$$

売上高総利益率　　：売上総利益は売上高から売上原価を引いたもの。売上に対して売上原価がどのくらいの割合を占めるのかがわかる。

売上高営業利益率　：営業利益は売上高総利益から販売費および一般管理費を引いたもの。営業活動でどのくらいの利益をあげたのかがわかる。

売上高経常利益率　：銀行への利息の支払いなどを行ったあとでどのくらい利益を獲得できたのかがわかる。

売上高税引前利益率：特別に発生した収益，費用を引いて，当期にどのくらい利益をあげたのかがわかる。

売上高当期利益率　：税金や少数株主の利益を引いたあと，当期にどのくらい利益をあげたのかがわかる。

次に保有している資産に対して，どのくらい資産を効率的に活用しているかを見る指標として回転率がある。

$$総資産回転率 = \frac{売上高}{(期首・期末平均総資産)}$$

保有している資産に対して，どのくらい売上を獲得できるかを見ることによって，資産を効率的に利用しているのかを見る。1年当たりの回転数を表すので，単位は回となる。

$$棚卸資産回転率 = \frac{売上原価}{(期首・期末平均棚卸資産)}$$

保有している棚卸資産に対して，どのくらい効率的に利用しているのかを見る。

$$棚卸資産回転日数 = \frac{期首・期末平均棚卸資産}{1日当たり売上原価}$$

上記では回転日数を計算することで，企業がどのくらい棚卸資産を保有しているのかを知ることができる。業界平均や同業他社との比較によってその企業の実態をわかる。大きな違いがある場合は，効率性が劣るからか，ビジネスモデルが異なるからなのかを確認する必要がある。

上記のような基礎的な指標を確認したうえで詳細な分析を行う。以下では収益性分析の中で，企業のリスクにつながるポイントを説明する。

(2) 特別損失の計上は将来業績にとってプラスか？

1節の最初にあげたように，収益の分析に際して，特別利益・損失の計上について確認する必要があることはいうまでもない。その中で特別損失の計上にはさまざまな要因が考えられるが，特別損失の計上は将来に向けてどのような意味を持つのであろうか。将来業績にとって大きなリスクとなる可能性がある一方で，回復を早める意味でプラスの可能性をもっている。特別損失と将来業績の関係で1つの見方は，特別損失の計上は将来業績にとってプラスであるというものである。近年における市場の競争激化に伴い，企業はリストラクチャリングを断続的に行わなければ長期的な成長は難しい。そのため，事業の期待収益を見積もり，それに基づいて事業の撤退・縮小を実施する。特別損失はこ

うした対応の結果であり，その結果は長期的な将来業績を見た場合にはプラスになるというものである。

一方で，不採算の事業から早期に撤退せず非効率な投資を繰り返せば，特別損失を断続的に計上する結果となる。この考えに基づけば，特別損失の計上は将来業績にとってマイナスの要因となる。

こうした2つの見方に対して，神戸大学の北川准教授は，特別損失の計上頻度と経常利益変化および売上高変化との関係を分析し，特別損失の計上頻度と将来業績はプラスの関係が観察されることを主張している（北川 2013）。もちろん個別のケースではそれぞれの要因を見ていく必要はあるものの，この結果は特別損失の計上はリスク要因だけでなく，プラスに評価すべき要因をもっている可能性を示唆している。

(3) 企業経営者は赤字回避行動を取るのか？

近時は企業の業績が経営者の報酬に連動している企業も多い。さらに業績が不振であれば経営者は交代のリスクにさらされる。そのため経営者は自身に有利になるように利益数値を調整するインセンティブを有している。経営者による意図的な利益の調整は利益マネジメント（earnings management）とよばれている。業績を示す非常にわかりやすい数字として，その企業が赤字決算かどうかということがある。経営者であれば赤字決算だけは何とか回避したいと考える。

図表10-3は2005年度から2012年度東証一部上場企業の最終利益率の分布をとったものである。企業が決算を適正に実施していれば，多数の企業における利益分布は正規分布（に近い形）となるはずである。しかしながら図表10-3ではゼロを境にわずかなプラスの部分に分布がかたよっている。これは，日本企業の決算においては黒字を維持することが重要な命題であり，わずかな赤字であれば，どうにか黒字にもっていく利益マネジメントが実施されている可能性が高い。

(4) 経営者は交代時に利益マネジメントを行うか？

(3)ではわずかにでも黒字を確保する利益マネジメントを見てきた。一方これ

第10章　企業評価とリスクマネジメントの変遷　　99

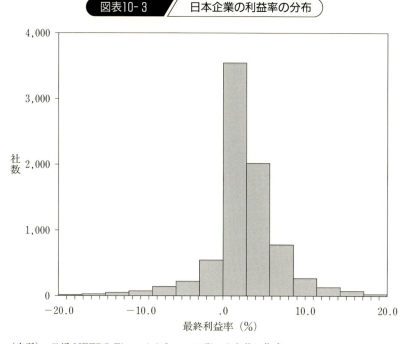

図表10-3　日本企業の利益率の分布

（出所）　日経 NEEDS Financial Quest のデータを基に作成。

とはまったく異なる方法によって利益を操作するマネジメントがある。来期以降の利益を改善する目的で，業績悪化時にマイナスとなる材料をできるだけ多く織り込み，利益を減少させる会計処理でビッグ・バス（big bath）とよばれている。日産自動車のカルロス・ゴーン社長が用いた手法として有名で，同社は事業構造改革にともなう特別損失などを多額に計上し，翌年には劇的なV字回復を果たした（**図表10-4**）。ビッグ・バスを実施し多額の損失を計上しても，新たな経営者にとって，就任時の業績悪化は前任者の責任にできる。さらに企業にとって悪材料をすべて出すことで，来期以降の業績をよく見せることも可能となる。

⑸　包括利益によって業績の変動は大きくなるか？

前記では企業の最終利益（当期純利益）を中心に見てきたが，近時，当期純利

図表10-4　日産自動車における最終利益の推移

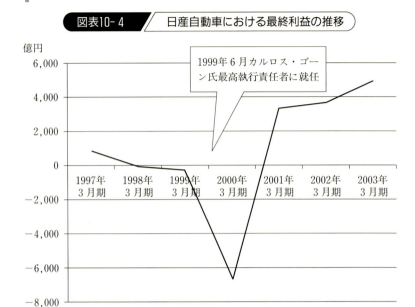

図表10-5　包括利益の景気循環増幅効果

（出所）　亜細亜大学・河内山講師の資料より作成。

益とともに包括利益を開示する企業も出てきた。包括利益とは国際会計基準で採用されているもので，最終利益には含まれないその他有価証券の時価評価差額や為替の変動を表す為替換算調整勘定が含まれる。そのため株式市場や為替相場の動向が決算数値に強く反映される。**図表10-5**では3月期上場企業全社の包括利益（CI）と当期純利益（NI）の利益率の平均値を，日経平均株価と並べて比較している。包括利益のほうが当期純利益に比べ，景気の変動による影響を受け利益率の動きが増幅していることがわかる。

3 安全性分析

次に企業経営のリスクについては，安全性の観点から分析する必要がある。最初に安全性分析に関する主要指標をあげ，後半で関連するトピックを説明する。

(1) 主要な安全性分析指標

安全性は，短期的な観点と長期的な観点から見る必要がある。

短期的なリスクの観点では支払能力は流動比率と当座比率の指標で確認する。

$$流動比率 = \frac{流動資産}{流動負債} \times 100$$

1年内に支払期限が到来する流動負債に対して，流動資産がどれくらいあるのかを見る指標である。

$$当座比率 = \frac{当座資産}{流動負債} \times 100$$

1年内に支払期限が到来する流動負債に対して，現金，預金，売掛金，受取手形，市場で売却が可能な有価証券などの当座資産がどれくらいあるのかを示す指標である。流動資産には棚卸資産の中に不良在庫が含まれている可能性があるため，より厳密に安全性を見る指標である。

長期的な支払能力は以下の指標で確認する。

$$自己資本比率 = \frac{自己資本}{総資本} \times 100$$

　企業が使用する総資本のうち,自己資本が占める割合を示すものである。資本構成から企業の安全性を表している。

　もう1つ同様の指標として負債比率がある。

$$負債比率 = \frac{負債}{自己資本} \times 100$$

　負債が自己資本に対してどれくらいあるのかを示す指標である。負債比率は,低ければ安全性が高く,自己資本比率とは逆の動きとなる。

> **コラム11**
>
> **財務レバレッジ**
>
> 　負債に関して財務レバレッジの効果について下記の例で説明しておこう。
>
> 　会社が使用総資本(負債+資本)のすべてを株式で調達した場合,純利益はそのまま株主に帰属する。総資産事業利益率(ROA)は10%で自己資本利益率(ROE)も10%となる。一方で,負債があるケースで,50%を負債で調達(調達金利が5%)した場合,
>
> 　　100億円×10%−50億円×5%=7.5億円　7.5億円÷50億円=15%
>
> ROEは10%から15%に上昇する。負債の増加がROEを増幅させる効果を財務レバレッジという。
>
> 　しかし,財務レバレッジはプラスの面ばかりではない。金利が10%より高いとROEが悪化してしまう。つまり財務レバレッジは負債コストがROAより低いから成り立つ。負債を増やすことは,エクイティ投資家にとってリターンの振れ幅が拡大し,銀行などの負債の出し手にとっては貸し倒れのリスクを増大させる。

　長期的な支払能力を見るものとして,上記以外に固定比率と固定長期適合率の指標がある。

$$固定比率 = \frac{固定資産}{自己資本} \times 100$$

　固定比率は,自己資本と固定資産の割合を示す指標である。固定資産が安定的な自己資本でどの程度カバーされているのかを確認する。

$$\text{固定長期適合率} = \frac{\text{固定資産}}{\text{自己資本}+\text{固定負債}} \times 100$$

固定長期適合率は，固定資産が自己資本と固定負債をあわせた安定的な資本でどれくらいカバーされているのかを示す指標である。固定比率は自己資本だけで固定資産がどれくらいカバーされているのかを見るが，自己資本だけではやや厳しい数字なので，日本企業の多くが活用している長期借入金や社債などを加えることで実際的な判断をするものである。

次に以下では安全性分析を通じて企業のリスクにつながるポイントをみよう。

(2) 受注残高情報は，将来予測のシグナルとして機能するか？

有価証券報告書の中で開示されるさまざまな情報を読み解くことができれば，企業の業績を予想することにつながる。その1つの情報として「事業の状況」の中で開示される受注残高情報がある。では受注残高は将来業績にどうして影響を及ぼすのであろうか。この点について，カリフォルニア大学バークレー校Duttaらの論文（Dutta and Trueman 2002）では2つの方向性が示されている。1つは，受注残高は企業の製品に対する需要の強さを示すものであり，これが高いことは将来業績にとってプラスになるというものである。もう1つは，受注残高の多さは設備投資や在庫管理の不備からくるものであり将来業績にとってはマイナスになるとしている。

この点に関して，大分大学の小野准教授らによる分析の結果（小野・村宮 2013）では，前期末から当期末にかけての受注残高の変化は，翌期における収益性の改善につながるとしている。しかしながら，受注残高情報が将来業績に対して影響を及ぼすことを投資家は完全に理解しているわけではない。そのため受注残高変化が大きかった銘柄ほど，将来リターンが高い傾向にある。もし投資家がその傾向を知っていれば，将来リターンに影響を及ぼさないはずだからである。今のところ，受注残高情報は必ずしも十分には活用されていないようだ。

(3) 減損会計の影響

2005年4月以降の事業年度から上場会社に対して減損会計が義務づけられる

| 図表10-6 | 多額の減損損失を計上した企業 |

企業	業種	決算期	減損損失（億円）	税引前利益（億円）
パナソニック	電機	2012年3月期	5,632	−8,128
パナソニック	電機	2013年3月期	3,887	−3,984
パナソニック	電機	2009年3月期	3,135	−3,826
東京電力ホールディングス	電力	2011年3月期	1,411	−7,661
新日鉄住金	鉄鋼	2013年3月期	1,328	−1,370
東京製鉄	鉄鋼	2013年3月期	1,288	−1,466
日立製作所	電機	2009年3月期	1,284	−2,899
ヤマハ発動機	輸送用機器	2009年12月期	831	−1,737
パナソニック	電機	2010年3月期	830	−293
KDDI	通信	2013年3月期	805	4,117
富士通	電機	2009年3月期	752	−1,133
セイコーエプソン	電機	2009年3月期	738	−896

（出所）　日経 NEEDS Financial QUEST より作成。

こととなった。減損会計とは，企業が行った投資に対して，そこから期待できるキャッシュフローの見積りから，回収が難しいことが明らかになった場合は損失を計上する会計処理である。それまでの日本の会計処理では，資産は取得したときの価格をもとに評価されており，投資金額が回収できないにもかかわらず，帳簿価額でそのまま評価されているケースが多かった。

減損の処理に関しては，東芝が子会社の事業見直しやリストラに伴う事業損失を適切に計上していないとして，その会計処理が大きな問題となった。今後，減損の計上が企業評価に大きな影響を及ぼすケースが増加するものと思われる。**図表10-6** は多額の減損損失を計上した企業の一覧である，資産の大幅の減少や損益の大幅な悪化を招いており経営への影響は小さくない。

4 キャッシュフロー分析

(1) キャッシュフロー分析とは

　キャッシュフローは現金の流れを表す。会計制度には減価償却など複数の方法が認められている。さらに計上の判断や見積りの要素も加わるため損益計算書の数字は変化する可能性がある。損益計算書では黒字が出ていても実際の資金の裏づけがない場合にはいわゆる黒字倒産が起きることになる。こうしたことを防ぐために，貸借対照表や損益計算書に加えて実際のお金の流れを記載したキャッシュフロー計算書が必要となった。日本では2000年3月期から連結キャッシュフロー計算書の作成が義務づけられた。連結キャッシュフロー計算書は営業活動，投資活動，財務活動の3区分でキャッシュフローを表示するしくみとなっている(**図表10-7**)。キャッシュフロー計算書からは，キャッシュフローの創出力，債務支払能力，利益と現金収支の差，投資活動や財務活動の状況を知ることができる。

図表10-7　キャッシュフロー計算書の基本構成

	キャッシュフロー計算書 ○年○月○日～○年○月○日	
Ⅰ	営業活動によるキャッシュフロー …………	
		×××
Ⅱ	投資活動によるキャッシュフロー …………	
		×××
Ⅲ	財務活動によるキャッシュフロー …………	
		×××
Ⅳ	現金及び現金同等物に係る換算差額	×××
Ⅴ	現金及び現金同等物の増減額	×××
Ⅵ	現金及び現金同等物の期首残高	×××
Ⅶ	現金及び現金同等物の期末残高	×××

(2) 企業の成長段階で必要なキャッシュフロー

　企業は成長段階に応じて必要な資金が異なってくる（**図表10-8**）。創業期から発展期にかけては資金需要が旺盛であるが，企業が成長して安定すると資金需要は弱くなる。成熟期，さらには衰退期に入ると資金需要は減少していく。

　図表10-7のとおりキャッシュフローは営業活動，投資活動，財務活動の3つから構成される。営業活動のキャッシュフローはプラスが大きければよい。マイナスの場合は，その要因が一時的なものか慢性的なものかを考える。投資活動のキャッシュフローは，マイナスであることが一般的である。営業活動のキャッシュフローでカバーされることが望ましい。財務活動のキャッシュフローは，営業活動，投資活動のプラス・マイナスを調整する役割を持つ。さらにこの3つの分野のつながりを検討する。そして最後に現預金残高のレベルを確認する。

　3つのキャッシュフローの状況を見ることで，その企業がおおよそどのような状況にあるかを把握することができる（**図表10-9**）。たとえば，③に属する企

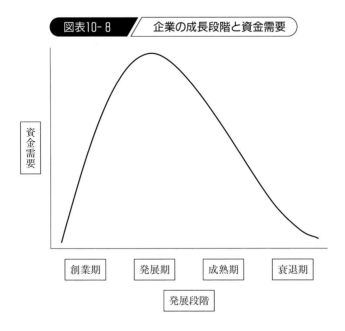

図表10-8　企業の成長段階と資金需要

図表10-9　営業・投資・財務CFから見る企業のタイプ

	①	②	③	④	⑤	⑥	⑦	⑧
営業CF	＋	＋	＋	＋	－	－	－	－
投資CF	＋	＋	－	－	＋	－	＋	－
財務CF	＋	－	－	＋	＋	＋	－	－

番号	キャッシュフロー（CF）の状況	企業のタイプ
①	すべての活動からCFが創出されているため，CFが増加。	CF潤沢企業
②	営業活動から生み出されたCFと資産売却により獲得したCFを債務返済にあてている企業。	債務返済企業または成熟・衰退企業
③	営業活動から生み出されたCFを投資および債務返済に振り向けている企業。	優良企業
④	営業活動から生み出されたCFと調達したCFを投資に回している企業。	積極投資企業
⑤	営業CFのマイナスを資産売却および資金調達によってまかなっている企業。	危険信号企業
⑥	営業CFがマイナスのため，資金調達により投資を行っている企業。	成長企業または創業まもない企業
⑦	営業CFがマイナスであり，投資CFで得たCFを債務返済に回している。	再建中企業
⑧	すべての活動からCFがマイナスのため，全体としてCFが減少。	倒産危機企業

（出所）　亜細亜大学・鈴木准教授の資料より作成。

業は営業活動から生み出されたキャッシュフローを投資および債務返済に振り向けている優良企業と見ることができる。⑥に属する企業は営業キャッシュフローがマイナスであるため，資金調達により投資を行っている企業で創業まもない企業（成長期にある企業）と見ることができる。資金状況を見ることが，さまざまなステージにある企業のリスクを把握することにつながる。

　前にも述べたが，キャッシュフローを確認することが重要な理由は，損益計算書上はプラスでも，キャッシュフローが不足して倒産する可能性があるからである。**図表10-10**は上場企業の倒産件数の推移である。2008年に倒産した上場企業は増収企業，黒字企業が半数を超えていることがわかる。

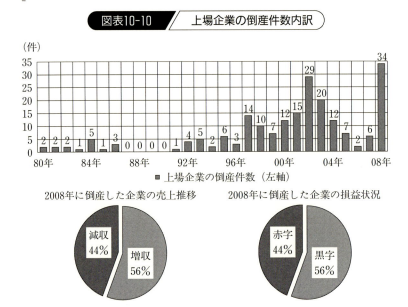

図表10-10　上場企業の倒産件数内訳

(出所)　帝国データバンク「2008年上場企業倒産の動向」, 亜細亜大学・鈴木准教授の資料より作成。

　ここでフリー・キャッシュフローについてふれておこう。フリー・キャッシュフローは一定期間の事業活動によって生み出されたキャッシュから, 通常, 必要な投資活動によるキャッシュを差し引いたものとなる。フリー・キャッシュフローがプラスであれば, 投資家に資金を返済したり, さらなる投資を行うことが可能となる。一方でフリー・キャッシュフローがマイナスとなると, 株式や銀行借入など新たな資金調達が必要となる。

5　マクロ指標分析

　マクロ指標の分析から産業・セグメント分析への流れをみていこう。

(1) マクロ指標分析

　個々の企業の活動は，マクロ経済のさまざまな影響を受けている。マクロ経済の成長率が高ければ企業の業績も高くなると考えられる。現在の景気循環がどの局面にあるかによって経済活動の水準を知ることができる。一般的には景気の動向によって受注高や業績が左右されるが，食品，製薬など景気循環の影響を比較的受けにくい業種も存在する。

　マクロ指標で大きな影響を与えるのは為替である。製造業などの輸出が多い企業にとって一般的に円高は業績に対してマイナスである。一方で，原油やLNGを大量に輸入している電力会社やガス会社は円高が業績に対してプラスの影響を及ぼす。為替は経済的要因以外にも政治的要因などが加わったさまざまな要因の合成値であるため予測が難しい。大手企業では対ドルで1円の為替レートの変動が業績に対して数百億円もの影響を与えることもあり，非常に大きなリスクとなる。

(2) 業種分類の意味とは？

　それぞれの企業を分析する場合に同業他社との比較を行うことによって，その企業の特徴，ビジネスモデルの優位性を分析することになる。同業他社を見つけるための手段として業種分類がある。一方で，企業の多角化やビジネスモデルの高度化・複雑化が進み単純に業種区分を行うことは難しくなっている。しかしながら，実証分析をする際には，業種による差異を吸収して比較すべき要素を抽出する必要がある。さらに，いったん業種区分を受け入れてから分析を開始したほうが容易であることから業種区分は依然として有用である。

　日本でも幅広く業種区分は用いられ，一般的に日本標準産業分類，東証業種区分，日経業種分類がよく利用されている。近年では世界のさまざまな市場の企業をカバーしているGICS（Global Industrial Classification Standard：世界産業分類基準）による業種区分も登場している。これらの業種区分の中でどの業種区分が一番実態に即しているのか，信頼性が高いのかは関心のあるところである。この点に関して新谷（2010）では，各業種区分の信頼性を比較したうえで，どの業種区分がより適切なのかについて検証を行っている。その結果，日本に

おいては，東証33業種区分がGICSの業種区分よりも信頼性が高いことが主張されている。

(3) セグメント分析

　企業の活動が国内中心である場合や事業分野が限られた企業であれば分析は比較的容易となるが，現実には多くの企業はグローバル展開をしているため，さまざまな販売地域を持ち，事業部門も多岐にわたる。そのため，地域別や事業別の動向を見る必要がある。日本では1988年に企業会計審議会がセグメント情報の開示基準を公表し，1991年3月期からセグメント情報の開示がスタートした。

　セグメント情報の開示によって企業の事業内容の分析が以前よりは容易になった。一方で，企業の事業分野が複雑化し，多くの事業部門を持つ企業も多い。それでは多くの事業部門を持つ多角化は企業価値にどのような影響を与えるのであろうか。多角化が企業価値にプラスかマイナスかについては以下の主張がある。

　多角化を実施することは企業にとってリスクの分散になる一方で，不適切な分野への投資が行われることで企業価値が毀損される可能性もある。この点について，シカゴ大学のBergerらの論文では（Berger and Ofek 1995），事業の多角化戦略は過剰投資をもたらすので多角化はマイナスに評価されること（多角化ディスカウント）が指摘されている。ピッツバーグ大学のデニスらの研究（Denis, Denis and Yost 2002）は事業多角化と同様にグローバルな多角化でも企業はマイナスに評価されることが報告されている。これらの分析からは多角化は企業評価にとって好ましくない結果となった。多角化戦略に対して経営者の規律付けが十分でない場合には，投資家には理解が得られにくいことが1つの要因と考えられる。

6　将来予測分析

　企業価値評価を行うには企業の将来業績を予測することが必要となる。

(1) 将来業績予想の概要

　将来業績の予想は，予想の主体と時間軸によって以下のように分類できる。

　業績予想の主体としては，まず「経営者予想」がある。経営者は内部のさまざまな情報をもっており，最も早く信頼の高い情報を出すことができる。次に「アナリスト予想」である。経営者予想を参考に自身が収集した情報をあわせて独自の予想を出す。アナリスト予想に関連して「コンセンサス予想」がある。複数のアナリスト予想の平均値で，予想を集めることで予想精度が向上することが期待される。これ以外に「株価から導き出される予想」がある。株価はその企業が将来生み出すであろうキャッシュフローを反映したものであるため，その中には業績予想が織り込まれている。以上のように大きく分けて4つの予想が存在する。

　次に業績予想の時間軸としては，四半期（3ヵ月），半期（6ヵ月），1年の予想が大半で取引所に提出される決算短信に記載される。3～5年の中期やそれ以上の長期予想は決算短信には記載されないが，企業のホームページなどに記載されることもある。

　業績予想は投資家へのアピールや企業経営を円滑に進めるうえで役立っていると考えられる。一方で，業績予想は平時でも簡単ではなく，大きなイベントが発生した場合はいっそう困難となる。企業側の作業負担が重い。四半期のような短期的な予想はショート・ターミズム（短期主義）を助長する。さらには株価操作に利用され投資家が判断を誤るといった問題点もあげられる。

　業績予想にはそれぞれの主体の思惑が入るため以下のようなさまざまな行動が観察される。逆に，そうした傾向を見抜くことができれば，より精度の高い予想を行うことができるはずである。以下では業績予想に関連するいくつかのテーマを紹介しよう。

(2) なぜ経営者は楽観的な予想を開示するのか？

　日本の企業の多くは実績に比べ期初予想が楽観的であることが知られている。鈴木(2013)によれば，2005年から2011年までのMFI（(期初時点の経常利益予想－前期の経常利益)÷前期末総資産）を測定し，MFIが正の企業は全体の73%であ

り，そのうち予想を達成できた企業は58％であった。当初予想が達成されない場合，市場からマイナスの評価を受ける可能性が高いにもかかわらず，なぜ楽観的な予想をする企業が多いのであろうか。1つの考えとして高い目標が設定されるほうが努力投入量および成果が高くなることが指摘されている（Locke and Latham 2002）。これに基づけば経営者が高い目標を設定し，従業員の努力を引き出そうとしていることが1つの理由として考えられる。

(3) 経営者業績予想の精度が高い企業は投資効率が高いのか？

経営者が行う業績予想は投資家の判断にも重要な影響を与える。経営者予想の精度が高い企業と低い企業が存在するが，その中で経営者予想の精度が高い企業は，自社のビジネスモデルが十分に把握され，リスクへの対応が早期にできる。そのため業績予想がはずれにくい。そうした企業が行う投資行動は同様に投資効率が高いと考えられる。この点について，近年米国学会誌に掲載された論文（Goodman et al. 2014）では，業績予想の精度はM&Aと資本投資の両方で投資効率にプラスであることが指摘されている。経営者業績予想の精度は，企業の投資行動の可否を判定する際の判断材料として使える可能性を示唆している。

(4) アナリストの関心の高さは先行指標となりうるか？

企業の将来を予想するさまざまな指標の1つにアナリスト予想がある。アナリストは企業の内容をさまざまな角度から調べ予想を出すわけであるが，その前段階として企業への関心の高さに違いがある。アナリストも担当分野が決まっているとはいえ，時間的な制約からすべての企業を等しく分析できるわけではない。結果として有望と考える企業に時間を多く割き，あまり将来，期待ができない企業への関心は薄れることになる。

そうした点に関してニューヨーク大学のJungらの論文（Jung et al. 2015）では，アナリストの関心は企業業績や株価の先行指標になることを論じている。アナリストの関心については，カンファレンスコール（企業が決算発表などを行うために実施する電話会議）の議事録から2つの指標を作成している。「アナリストの関心が高いことを図る指標」として，アナリストがカバーしていない企業

に対してカンファレンスコールの間に質問を行うアナリストの数をあげている。一方,「アナリストの関心が低下している指標」として,アナリストがカバーしている企業に対して前回の会議で質問を出したアナリストが現在の会議には欠席している人数と定義している。この分析によれば,カンファレンスコール後,3,6,9,12ヵ月後の1株当たりの利益や売上高成長率がアナリストの関心が高い企業のほうが有意にプラスである。さらにカンファレンスコール後,3ヵ月間の株式リターンはアナリストの関心が高い企業のほうが有意にプラスである結果となった。アナリストの関心というまさに定性的な情報の中に企業の将来を指し示す鍵があるのかもしれない。

⑸ なぜ経営者は良いニュースに比べ悪いニュースを遅く公表するのか？

　経営者は企業に関するさまざまな情報を開示する場合に,なぜ意図的に悪いニュースを遅らせて開示するのだろうか。この疑問に対して,ボストン大学Roychowdhuryらの論文では3つの可能性が指摘されている（Roychowdhury and Sletten 2012）。1つ目は,企業の活動が進行中のプロジェクトの場合,非常に不確定な部分も多いため市場関係者から詳細に調査をされる可能性がある。そこで悪いニュースを開示するときには彼らの評価をより正確かつ慎重に見極めようとする。そのため開示に時間を要するというものである。2つ目は,時間が経過するうちに,悪いニュースを相殺するようなよいニュースが現れるその機会を待っているというものである。かなり戦略的な行動といえる。3つ目は,経営者の有するストックオプションなどの報酬や経営者のキャリアのために発表を遅らせるというものであり,2番目よりかなり自己保身的な要因となる。

　こうした傾向を1つの要因に特定することは難しいが,経営者がリスク情報などの悪いニュースを遅らせて公表するインセンティブを有していることは確かであろう。

⑹ 業績が悪化したとき企業はR&Dの開示を積極的に行うか？

　今まで述べてきたように定性情報は企業業績を投資家などに説明する際に重要な役割を果たすことになる。そこで,業績が悪化したときに企業は定性情報をどのように活用するのであろうか。さらに定性情報の中でも一般的な定性情

報と研究開発（R&D）に関する記述では違いがあるのか。この点に関して最近の米国学会誌に掲載された論文（Merkley 2014）では，業績が悪い企業ほどR&Dに関する開示量が多いことが指摘されている。業績の悪い企業は定性情報をより多く開示することで，投資家に対してより丁寧に説明を行う（情報の非対称性を緩和しようとする）ことが考えられる。R&Dに関する情報は企業の長期的な戦略に関係があり，企業価値を上げる重要なポイントになるといわれている。そのため業績悪化時にR&Dの内容を積極的に開示することで，マイナスの要因を補うことが理由ではないかと考えられる。

さらに企業を取り巻く環境が厳しい場合はその傾向が強い。企業をカバーするアナリストの人数が多い場合や，規制が強化された後の期間や，株式リターンがマイナスである場合のような投資家がより多くの情報を求めるときは，R&Dに関する情報をより積極的に開示する傾向がある結果となった。

開示内容のトーンについては，業績が悪いほど前向きなトーンになっているわけではないことから，業績をトーンでカバーするような意図は見られなかった。また読みやすさ（わかりやすさ）の観点からは，業績悪化時にR&Dの情報をよりわかりやすく説明しようとする戦略があるという検証は得られなかった（Merkley 2014）。以上の結果からはR&Dの情報開示が定性情報の中でも特徴的なものであることがわかる。

7 企業行動分析

経営者はさまざまなインセンティブをもって行動を行う。その中で代表的な事例を紹介する。経営者がとる行動の傾向を知ることができれば，将来起こるリスクとチャンスを予測することにもつながる。

(1) 日本企業のリスクテイク行動は減少しているのか？

現在，日本の上場企業の約半数は実質無借金な状態（手元に保有している現金・預金などが借入金を上回っている）にある。度重なる経済的なショックと有望な投資機会が見つけられないことで，多くの企業は現金保有を高める傾向にある。

一橋大学の中野教授らの研究によれば，世界35ヵ国のうちで，日本は総資産に占める現金および有価証券の比率が最高水準にある（16.0％）。一方で米国の同比率は4.4％にすぎない（Pinkowitz et al. 2006；Kalcheva and Lins 2007）。さらに世界38ヵ国を対象とした比較研究からは，日本企業のROAのボラティリティ（変動性）が2.2％と世界最低水準にある点が報告されている（Acharya et al. 2011；John et al. 2008）。そして日本企業では，金融機関持株比率や事業会社持株比率が現金保有行動にマイナスの影響を与え，取締役会構成メンバーが年齢を重ねると，大量の現金を保有する傾向が示された（中野・高須 2013）。

(2) 企業はなぜ配当を行うのか？

配当を実施する理由に関してはさまざまな仮説が存在する。その中の１つが，フリー・キャッシュフロー仮説である。手元に潤沢な資金を有する経営者は，その資金を必ずしも株主のために利用するとは限らず私的な便益や，そこまでいかなくても，その企業にとって好ましくない非効率な投資に使用してしまう可能性がある。そこで，そのような余剰資金を有する企業は，配当等を通じて経営者と株主の間にあるエージェンシー問題を回避するというものである。

もう１つは，ライフサイクル仮説である。創業期，成長期にある企業は，有望な投資案件を多く持つため，事業活動で得られたキャッシュフローを投資機会に回すため配当をあまり実施しない。それに対して，企業が成熟期に入ると事業から安定的なキャッシュフローが入ってくるものの，有望な投資先が少なくなるため，多くの余剰資金を持つこととなる。その際に投資家との間でエージェンシー問題が生じるので，成熟企業はそれを回避するために株主への配当に積極的になる。

2012年3月にスマートフォンなどを手掛けるアップルがスティーブ・ジョブズの時代にはなかった配当を開始するというアナウンスを行った。このニュースに対しては，アップルの成長がピークを過ぎ成熟期に入ったという受け止め方も出ている。

(3) 安定株主は企業のイノベーション促進に貢献するのか？

日本では実質無借金企業が半数を超えるなど安定志向が高まっている。長期

投資やイノベーションを起こすような投資活動が不足しているという指摘も多い。その中で，どのようなガバナンス構造であればイノベーションの促進につながる企業行動が実現されるのであろうか。こうした問題に対して，ハーバード大学の Aghion らの論文（Aghion et al. 2013）では，企業や大学といった機関株主が企業の業績悪化に対して比較的寛容な態度をとることで，経営者のリスク回避志向を緩和し，イノベーションを促進する役割を果たしていることが主張されている。株主構成などのガバナンス構造が長期投資などによって，イノベーションを引き起こす引き金になる可能性を示している。

(4) 経営者による株式保有は企業価値に影響を与えるのか？

経営者持株比率と企業価値に関しては，以前からさまざまな主張が行われている。その1つが，経営者の持株比率が高まれば，株主との利害が一致する程度が高まり企業価値が向上すると考える利害一致仮説である。もう1つが，経営者の持株比率が高まると，コントロールを行う努力が行われず，企業価値を高めるインセンティブが低下し企業価値の低下を招くとするエントレンチメント仮説である。その2つの力関係は持株比率の割合によって変わる。米国の研究で Morck, Shleifer and Vishny（1988）は経営者の持株比率が5％までは利害が一致し，25％まではエントレンチメントが優位となり，25％以降は再び利害一致が強まるとしている。また McConnell and Servaes（1990）は50％程度までは正の関係があるとしている。日本では専修大学の手嶋教授の研究（手嶋 2004）によれば，20％程度まで正の関係があり，その後はエントレンチメントになるとしている。

(5) 買収防衛策は経営者の保身のためか？

買収防衛策は買収対象会社の経営者が同意しないにもかかわらず進められる敵対的買収を防ぐための手段である。株式持ち合いの解消や海外投資ファンドの日本市場への参入などにより，敵対的買収が増加し買収防衛策を導入する会社が増加した。2005年5月に経済産業省および法務省が「企業価値・株主共同の利益の確保又は向上のための買収防衛策に関する指針」を公表して以降，500社を超える企業が買収防衛策を導入するに至った。しかし最近では買収防衛策

の導入は経営者の保身のためで企業価値の向上にはつながらないという批判もあり，廃止する企業も出てきている。

買収防衛策は経営者の保身のためか（エントレンチメント），長期的な観点から企業価値の向上に資するかは議論があるところである。さらに導入が是か非かという単純な議論ではなく，買収防衛策が議論される場面では経営者と株主の利益相反が問題となるなかで，買収防衛策の導入を契機として背後にあるガバナンスの問題が大きな影響を及ぼすと考えられる。

買収防衛策が導入され経営者の保身とみられれば，市場の反応はマイナスである。一方で，株主への説明責任を果たすことでプラスの評価を得ている企業もある。さまざまなガバナンス構造によって株主と経営者の利益相反が緩和される場合は，買収防衛策の導入はエントレンチメントより，むしろ長期的な観点からプラスの効果が強く出る可能性がある。

最初にフリー・キャッシュフローの観点から買収防衛策は企業行動にどのような影響を与えるのかをみよう。手元流動性が高いと経営者は裁量の範囲を広げモラルハザードを招く可能性がある。株主からは増配や自己株取得で余剰なキャッシュを減らす要請が強まる。経営者は買収の可能性がある場合にはそうした要請に応えることになる。しかしながら買収防衛策が導入された場合は，そうした努力を怠り安易なキャッシュの増加を招くことになる。

社外取締役が選定された場合はどうだろうか。社外取締役の選定は経営に一定の規律づけを与える機能があるため，買収防衛策が導入されても経営者が保身に走ることなく，企業価値の向上につとめる可能性が高い。社外取締役を選定している企業，なかでも取締役会の中で社外取締役比率が高い企業は，経営の規律がより強く働くため買収防衛策導入に対しても市場はプラスの反応をすることが予想される。

議論を進めるうえで，日米の買収防衛策に対する経営者の意識に注意しなければならない。米国の研究で Comment and Schwert (1995) が指摘するように買収防衛策は買収を止める手段にはなりえず，価格交渉にプラスの影響を与えるものと考えられている。つまり買収者から TOB（株式公開買付）がかかった場合，買収防衛策で TOB を停止させ，株主のための価格条件を改善する可能性を高めるのである。一方で，日本の場合は経営者が従業員や企業そのものを守り

たいという意識が強い。そのため時間の確保では物足りず，買収そのものを防ぐための手段として買収防衛策を活用する期待が大きくなる。

研究開発費はどのような影響を受けるのであろうか。ハーバード大学のSteinは買収の脅威から経営者は近視眼的な行動をとると主張している（Stein 1988）。つまり研究開発の価値は完全には外部の投資家にはわからないため，買収の可能性がある場合は，経営者は短期的な視野に立って研究開発費を削減することになる。また，京都大学の小佐野教授は株式の持ち合いは買収の提案を拒絶する道具となるため，企業は長期的な視点に立って経営を行うことができるとしている（Osano 1996）。研究開発費や広告宣伝費は効果が発生するのに時間を要する。敵対的買収の脅威は研究開発投資を抑制することにつながることから，こうした支出が多い企業のほうが，買収防衛策を導入することで投資を継続しようとすると考えられる。

(6) 企業文化は企業価値にプラスとなるのか？

企業が長期間にわたって存続するためには，企業に起こる不祥事やリスクへの対応力が必要で，それが表面的なものではなく，企業のポリシーや文化に落とし込まれているかに依存するといわれている。その意味で企業文化の重要性はしばしば指摘されるところである。しかしながらその実態をとらえたものが少ない。なぜなら企業文化の重要性はわかっていても計測することが困難だからである。

近時 Journal of Financial Economics という米国のファイナンス系の雑誌で企業の文化に関する論文がとり上げられている。その中でGuiso et al.(2015)の論文では，以下の点が主張されている。S&P500企業（米国の代表的な企業500社）の85％が自社のサイトにおいて，企業文化に関するセクションを設けているが，こうした自己宣伝と経営パフォーマンスとの間には有意な相関は存在しない。一方で，経営陣の誠実さに対する従業員の評価の高さは，経営パフォーマンスとの間にはプラスに有意な関係を有している。経営者と従業員の間に信頼関係が築かれ，企業文化が従業員の中に本当に浸透している場合には企業経営にとってもプラスになるという指摘である。企業文化の測定は容易でなくこうした論文の解釈には議論の余地はある。しかしながら，経営者は投資家との緊

図表10-11　戦略的リスクマネジメントが必要な理由

分析方法	リスク増加要因	戦略的リスクマネジメントとの関係
収益性分析	国際会計基準の導入 リストラクチャリングが頻繁に行われる	環境変化への対応力強化，資産の保全だけでなく将来価値の保全が重要 事業内容の適切な見直しが必要であるためBIAによって事業を精査
安全性分析	減損会計の導入	事業内容の適切な見直しが必要であるためBIAによって事業内容を精査
キャッシュフロー分析	CFを変動させる要因が増加	広義のリスクファイナンスによる対応の必要性
マクロ経済分析	多角化ディスカウント	重要事業の選定をより厳格に実施する必要がある
将来予測分析	ショート・ターミズム（短期主義）	環境変化への対応力強化
企業行動分析	敵対的買収の増加	買収防衛策によることなく，自社のレジリエンスについての説明を行うことで投資家の信頼を得る

張関係を保つだけでなく，従業員を含めた企業文化を醸成していかなければ長期的な企業価値を上げることは容易ではないことを暗示している。

　ここまでさまざまな分析手法を見てきたが，あらためて各分析にとって「戦略的リスクマネジメント」が必要な理由を整理してみよう（**図表10-11**）。収益性分析の関連では，国際会計基準の導入によって収益の変動が増加し，それに対応するためには環境への対応力を強化するリスクマネジメントが必要となる。さらに国際会計基準では収益の見積りを反映させることが多くの場面で要求されることから，現在の価値を守るだけではなく将来価値の保全が求められる。またリストラクチャリングが頻繁に行われる状況においては，事業内容の適切な見直しが必要であるため，BIAの視点を入れ追加的に事業内容を精査する必要性が高まる。以上のように企業評価の各視点から見た場合，それぞれの分野でリスクの増加要因が見られ，その対応のために戦略的リスクマネジメントを構築することが有効と考えられる。

8 企業価値評価の変遷

(1) 業績指標の変化

時代によって企業の目標とすべき指標は変遷してきた。

戦後〜1980年代は、とにかくモノを作って売ることが重視された。そのため、効率性よりは、規模を大きくすること、その結果として利益を大きくすることが追求された。経済・市場が成長している時代では「いかにその波に乗るか」が大事である。市場シェアを高め、「規模の経済」により単位当たりの費用を削減することが基本的な戦略となる。したがって評価の指標としては、売上高、売上高最終利益率、売上高経常利益率などが重視された。

1990年代以降、日本経済はバブルがはじけ、長い不景気に突入した。企業は事業の再構築を図り投資を控えるなど、企業活動を縮小させる必要性が出てきた。その結果、「少ない資本で多くの利益をあげる」という効率性が意識され始めた。銀行は不良債権の処理を進め、株式市場が発展したことから株主を意識した経営が重要になった。そのため、自己資本利益率（ROE）、総資産利益率（ROA）などの指標がより重視されるようになった。ROEは株主から出資されたお金で、どの程度株主の利益を稼げているのかを表しており、売上高利益率とは異なり、貸借対照表の情報を活用することで資本効率を反映している。ROAは会社が保有する資産がどのくらい利益を生み出しているのかを表しており、ROEと同様に資本効率の観点が含まれている。ROEとの違いは株主のみではなく、会社の資産全体を反映している点である。

2000年代以降は、不景気が続くなか、企業価値を見直す機運が高まった。「価値を創出せよ。さもなくば、市場から撤退せよ」というフレーズのとおり、価値を創出していない企業は買収されるか市場から退出させられる可能性が高まった。「失われた20年」といわれるなか、資本コストの考え方が導入され、資金調達に係る資本コストを意識し、企業価値を高めていくことが企業経営のより重要な課題となった。EVA®（EVA®はスターン・スチュワート社（Stern Stewart & Co.）の登録商標である。以下®は省略する）は投下資本の期待利益を上回って

図表10-12　業績評価指標の変遷とリスクマネジメントの考え方

	戦後～1990年	1990年～	2000年～
注目された指標	売上高 売上高最終利益率 売上高経常利益率	ROE（自己資本利益率） ROA（総資産利益率）	資本コスト EVA：Economic Value Added（経済的付加価値額）
背景	成長を重視	バブル経済の崩壊にともない、効率性や株主を意識した行動に変化	資金調達に係るコストを意識。企業価値を高めることが重要な指標に
リスクマネジメントの考え方	原因事象をもとに対応を図る伝統的なリスクマネジメント	BCPの考え方が登場	将来価値の保全 戦略的リスクマネジメント

いるかを表す指標で（詳しくはP.124参照）、EVAがマイナスであれば、期待以下の利益水準であり企業価値を毀損している。逆に、EVAがプラスであれば、期待以上の利益水準をあげ、企業価値を創出していることになる。

以上のような業績評価の変遷に対してリスクマネジメントの考え方はどのように変化してきたのであろうか（図表10-12）。戦後から高度経済成長時代を経て1990年ごろまでは規模の拡大が図られてきた。したがってその時代は資源を投入すれば、それだけリターンを得られる可能性が高い。ビジネスのスピードも現在から見れば比較的遅く、そのため冗長性もある程度確保されていた。それにより伝統的なリスクマネジメントによって事後的に対応すれば間に合うことが多かった。

1990年代以降、経済的に長期の低迷が続き、量よりも効率性や収益性が重視されるようになった。効率性が重視されたため冗長性が低下した。ITの進歩によってビジネスのスピードも飛躍的に高まった。その結果、いったん問題が発生するとその影響は計り知れないものとなり、BCPという新しい考え方がどうしても必要となった。

2000年以降、経済的低迷から脱する兆候が一部には見られるものの、将来的な見通しはまだはっきりしていない。さらにニーズの多様化、IT技術のさらなる進展でビジネスのスピードは今まで以上に早まることは間違いない。こうし

た状況で企業は環境変化への対応力が重視され，企業としてどのように価値を提供し続けられるか，さらには現在の企業価値を保全するのは当然であるか，一歩進めて企業の将来価値を保全する「戦略的リスクマネジメント」が求められるようになった。業績評価指標のなかでウェイトが高まった価値の提供という要素がリスクマネジメントの考え方においても中心的な課題となりつつある。

(2) ROE 重視の流れは

2014年8月に発表された伊藤レポート（「持続的成長への競争力とインセンティブ―企業と投資家の望ましい関係構築」プロジェクト最終報告書）によれば，日本企業のROEは最近上昇する傾向を見せているものの，これまでは長期にわたり他国に比べて低い水準にあった。また，他国よりもばらつきが少なく，低位集

図表10-13　ROEの主要国比較

	中央値（％）	標準偏差
オーストラリア	−11.38	67.92
カナダ	4.77	43.33
中国	7.13	13.03
ドイツ	5.94	39.28
フランス	8.40	25.15
英国	3.77	964.11
インド	12.05	17.19
韓国	6.99	16.77
マレーシア	6.18	12.45
シンガポール	9.41	30.14
台湾	7.63	14.94
米国	7.72	158.25
日本	4.97	10.38

（注）　Compustat Global データベースより各国の2000-2010年の各社のデータをベースに各社の過去10年間の中央値を算出。
（出所）　経済産業省　持続的な企業価値創造のためのIR/コミュニケーション戦略実態調査　平成25年8月企業報告ラボ　企業価値・IR作業部会　一橋大学・加賀谷哲之准教授資料「日本企業の持続的な価値創造に向けてCRラボ初年度の取り組み」より作成。

中傾向にあることが特徴である(**図表10-13**)。ROEが低い結果，日本企業は将来の企業価値創造に対する期待を表すPBR（株価純資産倍率）が他国に比べて相対的に低い水準にある。外国人投資家の影響が増していることなどから，今後ROEを重視する傾向が強まるものと予想される。

(3) 企業の評価方法

以下では(1)で説明した企業の評価方法について触れておこう。

① ファンダメンタルズ分析

ファンダメンタルズ分析は企業評価の代表的な手法である。会計数値を活用し企業の基礎的な力（ファンダメンタルズ）を分析する。評価は2節，3節で説明した収益性，安全性以外に生産性，成長性を加えた4つの視点とそれらを総合的に判断する総合評価を含めた5つの視点で行う。生産性では，その企業が資産を効率的に活用しているのかを見る。労働生産性（付加価値額÷従業員数）などが利用される。成長性はその企業の将来性を見る。趨勢分析として，過去の一時点を1として，その後の売上や利益の変化を見たり，前年度と比較して増加率・減少率を分析する。

② ディスカウント・キャッシュフロー法

ディスカウント・キャッシュフロー法は将来の期待を考慮した評価方法である。資産の利用価値は，その資産から生み出される将来キャッシュフローの割引現在価値の合計額である。同様に企業においても，その企業が生み出す将来キャッシュフローの割引現在価値の合計額が企業価値となる。

$$企業価値 = \frac{CF_1}{(1+r)^1} + \frac{CF_2}{(1+r)^2} + \frac{CF_3}{(1+r)^3} + \frac{CF_4}{(1+r)^4} + \cdots$$

$$企業価値 = \sum_{t=1}^{\infty} \frac{CF_t}{(1+r)^t}$$

CF：将来キャッシュフロー
r：割引率（加重平均資本コスト：WACC）

この方法の特徴は，企業価値の評価が直接的に計算できることで現場の感覚

ともあうことにある。そのため実務でも広く利用されている。一方で、キャッシュフローの算定には幅があるため、これを積みあげることでトータルの金額に大きな開きが出る危険性がある。

③ EVA：Economic Value Added（経済付加価値）法

企業の評価にはファンダメンタルズ分析のように会計数値などから企業の力量を測定する方法と、もう1つは人々の期待を基準に評価を行う方法がある。EVA法も期待を考慮した評価方法の1つである。たとえば優秀な学生がテストで100点を取るよりも、普段、成績が良くない学生がたまに80点を取るほうが褒められることになる。このようにその企業が「優れているか」ではなく、「期待をうわまわる」ことが評価の対象となる。

計算式を示すと以下のとおりである。

$$\boxed{\text{EVA}} = \boxed{\text{NOPAT}} - \boxed{\text{資本コスト}}$$

NOPATは税引後調整営業利益（Net Operating Profit After Taxes）を指し、営業利益＋受取利息＋受取配当金－法人税等で計算される。資金提供者が求めるリターン・期待を考慮する前の「企業が創出した経済的付加価値」を意味する。一方の資本コストは、投下資本（自己資本＋有利子負債＋少数株主持分）×加重平均資本コスト率：WACC（％）（**図表10-14**）で計算される。資金提供者が「これくらいの運用資本があるなら、最低でもこれくらいは稼いでほしい」と考えるハードルの金額を意味する。

図表10-14　加重平均資本コスト（WACC）

企業の資本構成によって異なり、以下で計算される。

$$\text{WACC} = \frac{E}{E+D} \times r_e + \frac{D}{E+D} \times (1-\tau) \times r_d$$

WACC：加重平均資本コスト　E：株式時価総額　D：有利子負債総額
τ：法人税率（40％）　r_e：株主資本コスト率　r_d：負債コスト率

④ マルチプル法

もう1つ別の評価手法としてマルチプル法がある。他社の株価データを用い

て判断する。たとえば，PER（株価収益率）は1株当たりの利益に対して株価が何倍まで買われているのかを表す指標であるが，この指標を用いて，ある企業の株価が割高か割安かを判断することができる。

i 同じ産業に属する企業など類似企業のPERを計算して，業界平均値を作成する。
ii その値に当該企業のEPS（1株当たり利益）をかけることで推定株価を算出することができる。
iii 推定株価と現在の株価を比べて，推定株価が高いようであれば，当該企業の株価は割安と判断する。低いようであれば，割高と判断することができる。

$$業界平均 PER（株価収益率）= \frac{株価}{1株当たり利益（EPS）}$$
$$株価 = EPS（1株当たり利益）\times PER（株価収益率）$$

マルチプル法は，市場動向による客観性があり，算出も容易で，直観的にもわかりやすい。一方で，企業のビジネスモデルが複雑化している状況において，類似企業を適切に選定することは容易ではない。各社の価値は中長期的には業界平均程度に収束するという仮定を置いているため，業界内で中長期的に競争優位（劣位）にある企業の判断を誤るリスクがある。さらに株価の影響が大きいため，その株価の動きが一時的な変動かどうかを見極めないといけない。赤字企業だと算出ができないというデメリットもある。

9 企業審査

本章の最後では，金融機関におけるリスク評価の流れを記載しておこう。

図表10-15は融資までの大まかな流れである。融資申し込みがあったのち，経営者，業界地位，ビジネスモデル，財務内容などを判断する。通常は企業全体のリスクを判断するが，投資規模が大きいケースでは，そのプロジェクト自体の評価を行うこともある。これらの内容に問題がなければ契約に至る。

図表10-15　融資までの流れ

■融資申し込み
　　↓
■融資審査
　　経営者，業界地位，
　　ビジネスモデル，財務内容などを審査
　　↓
■プロジェクト評価
　　↓
■契約締結

図表10-16　主要な審査項目

項　目	項　目
1．当社の概要	9．単体財政状態
2．沿革	財務比率
3．経営者	金融機関取引
役員構成	保証債務
会長・社長	10．セグメント情報
その他（社外取締役など）	11．連結損益状況
4．主要株主	12．連結財政状態
資本系列	財務比率
資本金の推移	連単倍率
株価	連結キャッシュフロー
5．事業所および事業規模	13．偶発債務・リスク事項
海外展開	14．中期経営計画
6．業界動向および当社の地位	15．ガバナンス体制
競争環境	16．CSR活動
ビジネスモデル	17．資金計画
7．生産販売状況	18．収支予想
8．単体損益状況	19．担保・保証

　融資審査はその企業が今まで取引がない新規取引先か，現在すでに取引がある取引先か，また過去に取引があり現在はない企業か，によって異なってくる。

概ね**図表10-16**の項目について審査を行い，そのうえで融資の可否を判断する。1点気をつけないといけないことは，国際会計基準を採用している場合と日本基準の場合では，同じ項目名称でも含まれる内容が異なることから，比較のためには調整が必要となることである。

図表10-16で網掛けした「ビジネスモデル」，「偶発債務・リスク事項」，「中期経営計画」，「ガバナンス体制」といった項目が「戦略的リスクマネジメント」ではより着目すべき項目となる。

以下では今まで説明がなかった「中期経営計画」，「コスト予想」，「資金計画」，「収支予想」についても触れておこう。

中期経営計画は，実績と見込み，そして中期経営計画期間の平均的な見通しを確認する。それぞれの主要部門に分けて市場の環境と当社の状況，見通しを判断する。**図表10-17**は鉄道業に属する企業の中期経営計画の見方の事例である。

次に売上高予想とコスト予想を行う。主要部門（製品）ごとに実績期，資金計画期を踏まえ収支予想期の売上高予想を行う。コスト予想に関しては，企業の見通しをベースに市場環境などを踏まえ修正を行う。減価償却費は設備投資の見通しなどを勘案し修正を行う（**図表10-18**）。

図表10-17　中期経営計画の見方

	実績	見込み	中期経営計画
運輸	営業密度は業界の中でも最上位	数年は微増の見通し	数年後まで沿線人口増大，その後減少に転じる。横ばいの見通し
不動産	副都心などの物件が竣工し売上に寄与	賃貸物件の強化に伴い，償却費負担が増加	長期的には安定的な収入を確保
レジャー	ポテンシャルは高いが活用が不十分	中核観光地への投資強化	ホテル，観光施設の関連企画商品を開発，相互の送客拡大を図る
流通	小売店の売上高が同業他社に比べ高い	小売に加え，介護，医療，子育て支援施設を立ち上げ	沿線のゾーンごとに居住人口，通勤実態を把握した生活密着ビジネスを強化

図表10-18　コスト予想

		実績	実績	実績	資金計画期間		収支予想期間		
						変化率(%)		変化率(%)	根拠
変動費	営業費	190	208	208	186	89.4	250	134.4	売上の増大に伴うもの
	仕入高	83	83	85	80	94.1	100	125.0	商品価格の上昇
固定費	労務費	10	11	12	12	100.0	15	125.0	
	人件費	26	28	30	30	100.0	30	100.0	
	減価償却費	60	60	80	80	100.0	70	87.5	設備投資の一巡
	その他管理費	56	57	59	55	93.2	60	109.1	
	支払利息	3	3	3	3	100.0	2	66.7	負債削減による
	受取利息・配当金	△3	△3	△3	△3	100.0	△3	100.0	

図表10-19　資金計画

(単位：億円)

必要な資金		調達方法	
設備投資	250	内部留保	240
長期借入金返済	30	長期借入金	30
社債償還	20	社債	30
その他投資	10	資産処分	10
その他（運転資金など）	10	その他（運転資金など）	10
計	320	計	320

　融資に関連して大きなプロジェクトがある場合は，その期間における資金計画を確認することがいっそう重要となる。**図表10-19**はその期間に必要な資金（資金需要）と調達方法（資金調達）を示したものである。資金需要としては，その期間の設備投資，長期借入金の返済，社債の償還がある。一方で資金調達に関しては，償却前の利益，長期借入の実施，社債の発行があげられる。そして期間内において資金需要と資金調達が見合っていなければならない。

　最後に収支予想を行う。売上高の予想を行い，コストに関しては売上高の増減に比例して増減する変動費と売上高の増減に関係なく必ず一定額が発生する

図表10-20　収支予想

	収支予想期間	
	億円	構成比
売上高	800	100.0
運輸	280	35.0
不動産	320	40.0
レジャー	100	12.5
流通	100	12.5
変動費	350	43.8
営業費	250	31.3
仕入高	100	12.5
限界利益	450	56.3
固定費	174	21.8
労務費	15	1.9
人件費	30	3.8
減価償却費	70	8.8
その他管理費	60	7.5
支払利息	2	0.3
受取利息・配当金	△3	△0.4
事業損益	276	34.5
その他営業外収益	6	0.8
その他営業外費用	2	0.3
経常損益	280	35.0
償却費	70	8.8
償却前経常利益	350	43.8

固定費に分けて分析する。実務的には変動費，固定費に厳密に分類することは難しい。収支予想期は単純に資金計画の翌年ということではなく，その企業の長期平均的な姿を予想することが大切である（**図表10-20**）。

> **コラム12**

コーポレートファイナンスとプロジェクトファイナンス

　本章では基本的にはコーポレートファイナンスの話をとりあげてきた。コーポレートファイナンスは新たなプロジェクトを立ち上げる時には，当該企業自体の信用力やその企業が持っている担保の価値をベースに融資の可否や融資額を決定する。それに対して，プロジェクトファイナンスは企業の信用力とは別にプロジェクト自体から生じるキャッシュフローをもとに融資の可否を判断する。返済の原資が当該プロジェクトから発生するキャッシュフローに限定されている。したがって，一般的に次のような傾向がある。プロジェクトファイナンスは企業の信用力に依存しないため金利設定が企業自体より高くなる可能性がある。プロジェクトの各局面で責任と権限を確定しなければならないことから契約手続きが複雑となる。そのため，実際は一定以上の規模がないプロジェクトでないと事業を進めることが難しい。一方で，企業からみればリスクの範囲を限定できる。企業自体の信用力が低い場合は，プロジェクトを切り出すことで優良事業にすることができるなどのメリットがある。

リスク情報の戦略的活用

第11章　有価証券報告書におけるリスク情報開示の現状
第12章　リスク開示企業の特徴と効果
第13章　リスク情報の戦略的活用法
第14章　業界別リスク分析

第11章 有価証券報告書におけるリスク情報開示の現状

- ▶有価証券報告書のリスク情報開示においてこの10年間で増加比率が高いカテゴリーは「自然現象」,「情報セキュリティ」,「環境問題」などであり,事業活動に伴う経済リスク以外の分野を開示する企業が増加している。
- ▶リスク情報は開示は義務づけられているものの,記載内容まで詳細に規定されているわけではないため,積極的な開示は競争上不利になる可能性がある。結果としてボイラープレイト(平板)であることも多く検証可能性が低い。
- ▶リスク情報と企業価値の関連性が強まる一方で,リスクの多様化によってステークホルダーとの関係で開示のあり方がいっそう難しくなっている。

1 重要性が高まるリスク情報

　近年,リスク情報などの定性情報が投資意思決定に対して重要な役割を果たすことが指摘されている。そこで有価証券報告書の定性情報の内容を分析することで,開示企業の特徴を把握し,開示効果を確認する。それをもとに開示内容の活用について考察を行う。
　リスク情報開示が重要となった背景には,大きく3つの点があげられる。

1つ目は，グローバル化やイノベーション進展によって企業は従来にない幅広いリスクへの認識が必要となったことである。自然災害リスクも従来から認識はされていたが，近時はサプライチェーンの問題などが想定を超えた範囲で影響することがわかってきた。加えて，東日本大震災をはじめとした大きな地震が発生し，この先首都直下地震，南海トラフ地震などの巨大地震の発生が懸念されている。さらに新型インフルエンザの日本国内での感染拡大は，企業に対して新たなリスク管理の重要性を改めて認識させることとなった。一方で，投資家をはじめとしたステークホルダーから見て，当該企業が十分な対策を取っているのか，その進捗状況はどうかを把握したいというニーズも存在する。そのためリスクへの対応策を開示することはステークホルダーとのよりよい関係を構築していく上でも重要となる。

　2つ目は，無形資産の重要性が高まっている点である。近年，ブランドや人的資産などの無形資産を重視する社会へ移行しつつある。中でも無形資産の大きい企業は技術やイノベーションなど企業特有のリスクも大きいと考えられる。そのため企業特有のリスクの影響についていっそう注目する必要が出てきた。

　3つ目は，リスク情報が財務と非財務を結びつける重要な要素だからである。その点について，国際会計基準や統合報告の議論の中に見ることができる(第8章1(3)参照)。

　以上のような議論を踏まえ，東証一部上場企業(金融等を除く)約1,200社，2003年度～2012年度まで10年分について，有価証券報告書の中に記載がある「対処すべき課題」，「事業等のリスク」，「財政状態，経営成績及びキャッシュ・フローの状況の分析（MD&A）」，「コーポレート・ガバナンスの状況等」をもとにリスク情報の整理・分析を行った。

2 リスク情報開示の実態

　近時，企業は定性情報を社会環境報告書，統合報告書などにおいて開示している。しかしながら社会環境報告書における開示の内容，形態はさまざまであり，統合報告書も開示がはじまって間もないことから分析の対象が必ずしも十

図表11-1　有価証券報告書項目別平均文字数

(年度)

	2003	2004	2005	2006	2007	2008	2009	2010	2011	2012
対処すべき課題	838	913	978	2,094	2,728	2,732	2,576	2,543	2,491	2,524
事業等のリスク	1,669	1,854	2,010	2,084	2,153	2,248	2,335	2,398	2,422	2,452
MD&A	2,645	2,794	2,806	2,735	2,757	2,774	2,794	2,739	2,706	2,628
コーポレート・ガバナンスの状況等	1,160	1,958	2,669	3,314	3,908	4,326	6,202	7,035	7,775	7,905

(出所)　野田(2016)より作成。

分とはいえない。それに対し，有価証券報告書の定性情報は2000年代のはじめに多くの開示がスタートして以降，10年以上が経過し情報量が確保できる状況となっている。そのため，有価証券報告書を対象に分析を行うことが有効となる。

　有価証券報告書の中で「対処すべき課題」，「事業等のリスク」，「MD&A」，「コーポレート・ガバナンスの状況等」の各開示箇所における1社当たりの平均文字数は**図表11-1**のとおりである。

　「対処すべき課題」に関して，2008年度はリーマンショックによる経済的影響を記載した企業が多かったものと思われる。ここには記載していないが，業種別で見ると2010年にも山が観察される業種もある。東日本大震災への対応を記載した企業が増加したためと考えられる。

　「事業等のリスク」に関しては右肩上がりとなっている。幅広い分野でリスク情報の開示が進んでいることが原因と思われる。

　「MD&A」に関しては，この10年間，「対処すべき課題」，「事業等のリスク」と異なりあまり大きな変動は見られない。「MD&A」においては記載内容が比較的定型化していることが原因と考えられる。

　「コーポレート・ガバナンスの状況等」に関してはこの10年間，ほぼ一貫して右肩上がりとなっている。この10年の間に内部統制やガバナンスの問題が繰り返し議論されてきたことが反映していると考えられる。

　上記においては，各記述量を確認したが，次にキーワードでの変化をみていきたい。定性情報の中で，最初に企業の事業継続に関する記載に絞って開示の

第11章　有価証券報告書におけるリスク情報開示の現状　　135

状況を見ることにする。**図表11-2**は，事業継続に関するキーワードを有価証券報告書の「事業等のリスク」で開示した企業数の推移である。事業継続に関するキーワードはニュートン・コンサルティングBCM用語集を参考に抽出した。2010年度に東日本大震災の影響で「災害」，「地震」，「津波」など開示数が大幅

図表11-2　事業継続に関するキーワードを開示した企業数の変化

(年度)

キーワード	2003	2004	2005	2006	2007	2008	2009	2010	2011	2012	2010-2009	2012-2003
災害	327	483	580	635	679	719	745	892	944	963	147	636
地震	204	318	380	420	459	488	506	640	685	696	134	492
従業員	193	228	249	257	265	297	302	317	320	330	15	137
保険	201	243	267	278	287	298	302	312	323	326	10	125
物流	98	121	138	144	152	155	162	197	203	207	35	109
感染症	14	13	22	25	34	77	101	126	141	155	25	141
事業継続	8	8	12	24	33	50	61	99	127	141	38	133
停電	59	67	77	85	90	94	93	142	143	139	49	80
復旧	27	39	51	63	69	77	82	137	136	136	55	109
代替	69	72	88	93	90	91	102	107	112	112	5	43
防災	36	52	57	65	75	76	77	103	105	105	15	69
津波	3	10	12	13	13	13	17	74	93	95	57	92
想定外	24	39	49	56	60	72	73	74	83	89	1	65
耐震	36	51	61	71	80	76	75	81	90	87	6	51
緊急	19	21	22	28	35	41	42	60	66	67	18	48
サプライチェーン	3	4	10	10	9	10	10	50	58	61	40	58
危機管理	14	29	31	33	35	35	35	40	46	45	5	31
サプライヤー	12	15	17	21	24	30	31	36	37	37	5	25
本部	22	28	29	29	30	33	34	42	32	32	8	10
生命	11	13	16	15	15	18	18	18	18	21	0	10
安否確認	0	0	1	2	4	5	7	12	19	19	5	19
ライフライン	2	3	4	6	6	7	9	15	15	15	6	13
初動対応	3	8	7	8	8	8	7	9	9	9	0	6
リスク評価	1	2	2	1	2	2	2	2	5	6	0	5

(出所)　野田（2016）より作成。

に増加したことがわかる。

また，2003年度と2012年度におけるリスクキーワード開示比率の比較では（図表11-3），「感染症」，「事業継続」，「津波」，「サプライチェーン」などの全体に

図表11-3　2003年度と2012年度の開示比率の比較

2003年度		2012年度	
キーワード	比率（％）	キーワード	比率（％）
災害	23.6	災害	24.7
地震	14.7	地震	17.9
保険	14.5	従業員	8.5
従業員	13.9	保険	8.4
物流	7.1	物流	5.3
代替	5.0	感染症	4.0
停電	4.3	事業継続	3.6
防災	2.6	停電	3.6
耐震	2.6	復旧	3.5
復旧	1.9	代替	2.9
想定外	1.7	防災	2.7
本部	1.6	津波	2.4
緊急	1.4	想定外	2.3
感染症	1.0	耐震	2.2
危機管理	1.0	緊急	1.7
サプライヤー	0.9	サプライチェーン	1.6
生命	0.8	危機管理	1.2
事業継続	0.6	サプライヤー	1.0
津波	0.2	本部	0.8
サプライチェーン	0.2	生命	0.5
初動対応	0.2	安否確認	0.5
ライフライン	0.1	ライフライン	0.4
リスク評価	0.1	初動対応	0.2
安否確認	0.0	リスク評価	0.2

（出所）　野田（2016）より作成。

占める開示比率が増加している。

次に事業継続以外のさまざまなリスク情報の開示についてみたい。

リスクカテゴリーの記載がこの10年間でどのように推移したかを概観する。リスクカテゴリーの分類は，リスクマネジメントの国家規格として1995年にはじめてオーストラリア/ニュージーランドで制定された「AS/NZS 4360」に基づいて，宮城県が策定した分類を使用した。「事業等のリスク」に記載があるキーワードを上記区分によって整理した。

図表11-4は「事業等のリスク」全体に占めるリスク開示分野の比率を示したものである。「社会・経済」リスクの開示比率が減少している反面，「自然災害」，「情報セキュリティ」，「労働安全衛生」などの比率が増加している。リスクをCSR関連リスクと非CSR関連リスクに分類した結果は**図表11-5**のとおりである。相対的にCSR関連リスクの比率が増加していることがわかる。この10年間でリスク項目が多様化していることに加え，CSR関連のリスクが増加していることは，企業がさまざまなステークホルダーとの関係性をより慎重に考

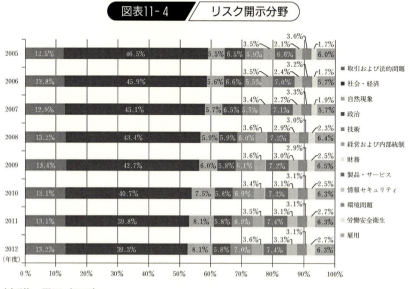

図表11-4　リスク開示分野

（出所）野田（2016）。

図表11-5　リスク開示分野（CSR関連リスク・非CSR関連リスク）

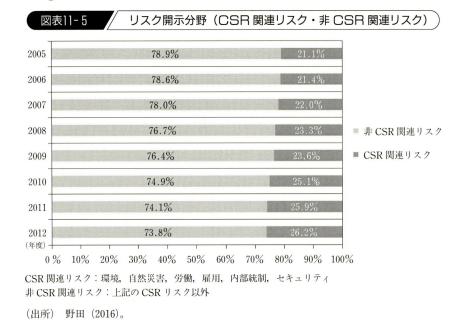

CSR関連リスク：環境，自然災害，労働，雇用，内部統制，セキュリティ
非CSR関連リスク：上記のCSRリスク以外

（出所）　野田（2016）。

えなければならないことを映し出している。

図表11-6はリスクキーワードごとに2003年度と2012年度の開示比率と増加率(2012/2003)を示している。増加率が大きかったのは「津波」，「感染症」，「暴動」，「機密情報」，「改ざん」などの自然現象や情報セキュリティの分野が多い。「社会・経済」といった事業活動に伴う経済リスク以外の分野の開示比率が増加していることがわかる。

「事業等のリスク」の記載については，それぞれのリスクに対して必ずしも十分な説明がなされていないという批判も多い。**図表11-7**は各リスクカテゴリーに対して，**図表11-8**は各リスクキーワードに対して文字数の平均がどのように推移したのかを示したものである。いずれも文字数が減少しており，リスク項目の増大に伴い説明が簡素になってきていることがわかる。

第11章　有価証券報告書におけるリスク情報開示の現状

図表11-6　リスクキーワード記載企業の割合

カテゴリー	キーワード	2003年度	2012年度	2012/2003
取引および法的問題	倒産	3.7%	7.8%	2.09
	遅延	11.7%	22.6%	1.93
	法令	14.7%	40.2%	2.74
	慣習	1.3%	3.1%	2.40
	規制	49.1%	72.2%	1.47
	禁止	9.0%	14.2%	1.57
社会・経済	売上，販売，収入	81.9%	85.6%	1.05
	費用，コスト，支出	55.0%	72.7%	1.32
	景気	26.5%	36.1%	1.36
	市況	22.2%	31.2%	1.40
	消費者	10.2%	13.8%	1.36
	輸送	5.9%	8.4%	1.43
	金利	26.0%	34.4%	1.33
	為替	54.0%	65.8%	1.22
	地価	4.3%	4.8%	1.11
	株価	24.7%	24.6%	0.99
	原油，燃料	15.1%	28.8%	1.91
	原材料，原料，資源	40.0%	56.5%	1.41
自然現象	地震	17.7%	55.9%	3.15
	津波	0.3%	7.6%	29.28
	台風	2.8%	18.1%	6.53
	洪水	1.6%	10.0%	6.08
	天候不順	2.4%	4.5%	1.85
政治	戦争	15.5%	23.5%	1.52
	テロ，革命	23.1%	38.8%	1.68
	暴動	0.4%	3.9%	9.06
	反社会的	0.1%	0.5%	5.55
技術	ライフライン，電力，水道	8.2%	20.5%	2.49
	情報通信，ICT, IT	6.7%	9.1%	1.37
	技術革新，イノベーション	10.2%	15.0%	1.48
	陳腐	5.2%	7.5%	1.45
	情報流出，漏えい	9.1%	30.8%	3.38
経営および内部統制	事実	3.6%	5.0%	1.40
	虚偽	0.3%	0.8%	3.08
	合併	3.2%	3.5%	1.07
	買収	3.8%	10.0%	2.63
	知財	0.2%	0.4%	2.31
	侵害	12.6%	23.1%	1.84
	リスク情報	0.3%	0.6%	1.85
財務	改ざん	0.3%	2.6%	7.63
	詐欺	0.2%	0.4%	2.31
製品・サービス	欠陥	15.7%	25.2%	1.60
	瑕疵	4.6%	8.8%	1.92
	ミス	2.0%	4.2%	2.09
	事故	16.7%	47.9%	2.87
	過誤	0.4%	1.8%	4.25
	失敗	1.0%	1.3%	1.34
情報セキュリティ	システムダウン	0.3%	1.3%	3.70
	不正使用	0.3%	1.4%	5.55
	不正アクセス	1.0%	7.1%	6.86
	機密情報	1.1%	9.8%	8.68
	ウイルス，ウィルス	7.5%	18.5%	2.47
	ハッカー，ハッキング	1.1%	3.1%	2.77
環境問題	土壌	2.1%	4.5%	2.16
	大気	2.1%	4.5%	2.16
	水質	1.6%	4.0%	2.57
	放射能	―	1.4%	―
	汚染	5.7%	12.6%	2.20
	騒音	2.6%	2.4%	0.92
	廃棄物	4.9%	8.3%	1.70
労働安全衛生	労働災害	0.9%	3.0%	3.51
	伝染病	4.2%	6.7%	1.60
	感染症	1.2%	12.4%	10.24
	食中毒	1.5%	2.8%	1.90
	健康	3.6%	7.7%	2.16
雇用	人材	15.7%	23.0%	1.46
	差別	7.9%	10.2%	1.29
	プライバシー	2.5%	6.1%	2.42
	個人情報	7.8%	32.3%	4.13
	ストライキ	3.0%	4.6%	1.55

図表11-7　リスク当たりの開示文字数(リスク文字数/リスクカテゴリー)

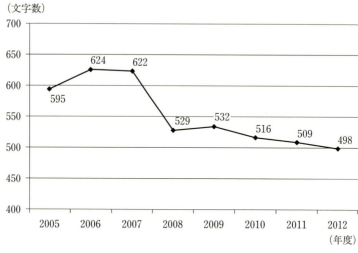

(出所)　野田 (2016)。

図表11-8　リスク当たりの開示文字数(リスク文字数/リスクキーワード)

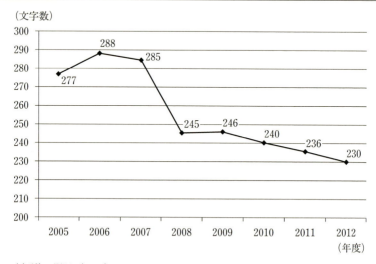

(出所)　野田 (2016)。

3 リスク情報の開示は何が問題か？

(1) リスク情報の特徴

最初にリスク情報の持つ主要な特徴について整理しよう。

> ① **自発的法定開示**：有価証券報告書において開示が義務づけられているものの，記載内容の詳細まで必ずしも規定されているわけではない。たとえば，「事業等のリスク」は内閣府令で投資家の判断に影響を与える事項を具体的に記載することが要請されているものの，個々の内容については企業の判断によるところが大きい。
> ② **競争上不利になる可能性**：企業が経営戦略やリスク情報などについて詳細に開示することは，同業他社などに対して有利な情報となり，その企業の市場での優位性を失わせる可能性がある。
> ③ **ボイラープレイト（平板）**：「事業等のリスク」などの箇所ではなるべく無難な内容しか記載しない，あるいは同業他社と横並びの内容が多いことが指摘されている。そのため内容はボイラープレイト（平板）つまり重要な情報が含まれていないことが多い。
> ④ **検証可能性が低い**：経営者による業績予想などは，実績との対比により検証されることが多い。これに対して「事業等のリスク」などは定性的な記述が中心なため具体的に検証される可能性が低い。

(2) リスク情報を開示する理由

上記のとおりリスク情報を開示することは企業の戦略上不利になる可能性がある。にもかかわらず，企業が開示を行うのはなぜであろうか？

企業によって，リスク情報をやむをえず，あるいは積極的に開示する理由として以下の点をあげることができる。

① **制度改正**：2000年以降に多くの制度改正がなされ枠組みとして開示しなければならない内容が増加している。
② **リスクの多様化**：企業を取り巻くリスクの内容は，環境やセキュリティなど社会的なリスクも含め多様化しており，そうしたリスクを念のため記載しておきたい企業側の対応がある。
③ **財務情報の補完**：投資家の間では従来の財務情報のみでは企業の実態を把握し将来の業績を予想することが難しいという認識が広まった。財務情報と株価との関連性が低下しているという指摘もなされている。こうした状況を踏まえ，経営者は財務情報を補完するためにリスク情報を開示する。
④ **戦略的な開示**：リスク情報は投資家に企業の情報を伝達する手段であり，財務的な数字と企業の状況をつなぐ機能を持つ。そのため，経営者は業績の変化があった場合にリスク情報で調整をする可能性がある。
⑤ **マネジメント効果**：リスク情報を開示するためには社内のさまざまなマネジメントの整備が必要となる。開示を実施することがマネジメント整備のインセンティブになる。

4　リスク情報開示の望ましい方向性

　リスク情報開示の課題に対しては**図表11-9**のようなさまざまな解決策が提案されている。たとえば，金・安田（2012）の論文では前年との比較を記載することによって，経営者がどのリスクを強く認識するようになったかを明らかにすることができるとしている。
　しかしながら有価証券報告書におけるリスクの記載内容を詳細に調べた結果からは，新たに以下の点が指摘できる。東日本大震災などを経てリスク認識が変化した可能性がある。リスク情報と企業価値の関連性が強まる一方で，リスクの多様化によってステークホルダーとのコミュニケーションを図るための開示のあり方がいっそう難しくなっている。つまり，リスク情報はいったん開示

図表11-9　リスク情報開示の課題と解決策

論　文	課　題	解　決　策
金・安田（2012）	「事業等のリスク」における記載ではボイラープレイトな記載が多い	前年との比較を記載することによって，経営者がどのリスクを強く認識するようになったかを明らかにすることができる
小西（2011）	「事業等のリスク」に関して，内容は提出会社の自主的判断に任せているため，比較可能性に乏しく，MD&Aやコーポレートガバナンスに関する情報の内容と重複している	開示規定の設定やカテゴリーに分けて開示内容を変える
浅野（2013）	「事業等のリスク」の記載は信頼性が低い	信頼性を確保するために数値情報を開示する必要がある

されると削除されることが少ないため，リスク開示数は増加を続ける。そうしたリスク情報が不可逆的に増加する現状を踏まえると，

　第1に，今までのような網羅的な開示には限界があり，「事業等のリスク」はメリハリをつけた開示，原因事象から結果事象，さらにリスク体制を意識した開示が必要になる。

　第2に，「事業等のリスク」との対応関係を考慮し全体最適を意識した開示が必要となる。つまり「事業等のリスク」の信頼性を上げるために具体的，数字的な裏づけだけを求め過ぎることは，社会的なリスクを含めリスクが多様化していることから開示が難しい場面が増加する。さらに個別リスクの対応に追われ，本当に重要なリスクの開示をためらうことになり，かえって投資家に重要なリスクが伝わらない危険性をはらんでいる。

　具体的には，リスク情報の開示は，4ヵ所で対応関係を保ちながら記述することを提案したい（**図表11-10**）。すなわち「事業等のリスク」においてリスクの評価を行い，「対処すべき課題」においては企業が利用できる経営資源からの分析を行う。その2つをあわせて対策と戦略の検討を行い「コーポレート・ガバナンスの状況等」において開示する。そしてその結果を「MD&A」で検証するという流れが考えられる。

図表11-10　リスク関連開示項目の対応関係

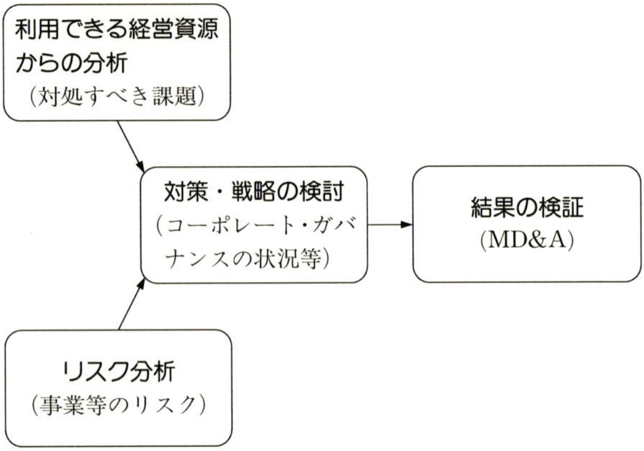

```
利用できる経営資源
からの分析
（対処すべき課題）
       │
       ▼
   対策・戦略の検討 ──────▶ 結果の検証
   （コーポレート・ガバ      （MD&A）
    ナンスの状況等）
       ▲
       │
   リスク分析
   （事業等のリスク）
```

（出所）　野田（2016）。

第12章

リスク開示企業の特徴と効果

- ▶リスク情報の開示に関しては，規模が大きく，組織構造が複雑で，ガバナンスが充実している企業は開示に積極的である。一方で機関投資家の存在は必ずしも積極的な開示にはつながっていない。
- ▶開示を契機としてマネジメント体制の整備が企業内で行われることにより，最終的にリスクマネジメントは有効に機能するようになる。
- ▶「事業等のリスク」，「MD&A」におけるリスク開示はアナリスト予想精度に影響を与えており，加えて開示内容によってアナリストの予想精度に与える影響が異なる。

本章では第11章であつかった有価証券報告書のデータなどを活用し，リスク開示企業の特徴と開示に伴う効果について述べる。

1 リスク情報開示企業の特徴

リスク情報を積極的に開示する企業は，どのような特徴を持つのであろうか。

情報開示の要因として，経営者と株主の間にはエージェンシー問題があり，その主因は当事者が持つ情報量に差があることである。経営者はそれを解消するために情報開示を行う。開示を基礎づける理論としてエージェンシー理論やステークホルダー理論の2つがあげられる。

エージェンシー理論では，経営者と株主の間にはエージェンシー問題があり，その主因は情報の非対称性であると考えられる。それを解消するための手段として情報開示を行うことで経営者は投資家との間の情報の非対称性を解消しようとする。

　エージェンシー理論の枠組みは，有名な経済学者のケネス・ジョセフ・アローらによって，経済学上リスクに対する態度が異なる主体の間でどのようにリスクをシェアするかという観点から生まれてきた(Arrow 1963)。当初，投資家と経営者の間の関係であった理論が拡張され，会計情報の開示を説明する点でも有効になった(Morris 1987)。しかしながらエージェンシー理論における経営者と投資家の関係においては，1期間であれば金額の測定は容易であるが長期間となる場合，金額の算定が難しくなる。さらに量的な予測が難しい場合も両者の関係をとらえることは難しくなる。こうした点から，エージェンシー理論の中で条件が厳しい場合の効果を見ることはリスクマネジメントの観点からも重要である。

　ステークホルダー理論においては，幅広いステークホルダーとの関係を考慮し，従業員や地域社会など投資家とは違った観点で利害関係を調整する必要がある。そのため，近時幅広いステークホルダーとの関係を構築する必要がある中で，ステークホルダー理論においても検証の必要があろう。

　以上のような問題意識をもって，リスク情報に関して日本企業がどのような情報を開示しているか，開示に積極的な企業はどのような特徴を持つのかを分析する。

　日本におけるリスク開示企業の特徴を分析した主要な先行研究は**図表12-1**のとおりである。

　図表の先行研究を踏まえつつ，今回はリーマンショック，東日本大震災などの大きなイベントが起こった前後の期間を含めて分析を行った。東証一部上場企業（金融等を除く）約1,200社，2005年度～2012年度まで8年分について「対処すべき課題」，「事業等のリスク」，「MD&A」，「コーポレート・ガバナンスの状況等」の4ヵ所を対象とした。

　分析の結果，経営者サイドの視点からは，資産規模が大きい企業が開示に積極的である。PBRが高い企業は無形資産の構築を進めており開示に積極的であ

図表12-1　リスク開示企業の特徴を分析した主要な先行研究

論　文	結　　　果
小西（2008）	リスク情報に関して，東証一部上場企業100社を抽出し，2004年および2005年3月期決算期の企業の，金融リスクおよび経営リスク等に該当する記述の数をカウントした。その結果は当該リスク総数と総資産，総売上高の間に正の相関関係がある。
張替（2008）	大規模で事業リスクの高い企業ほどリスク情報の開示に積極的である。
中野（2010）	「事業等のリスク」および「MD&A」に関して，規模が大きく，市場からの注目度が高く，事業構造が複雑な企業ほどリスク情報を積極的に開示している。事業リスクが高い場合は，「事業等のリスク」に反映させるということはないが，「MD&A」に関しては開示量が多いという傾向を示している。

る結果となった。部門が多い，海外売上比率が高いなど事業構造が複雑な企業も開示に積極的である。さらにガバナンスの観点では，BCP開示企業や社外取締役比率が高い企業が開示に積極的である結果となった。

投資家サイドの視点からは，負債比率が高い企業は銀行との関係を構築すれば足りるため開示に消極的，安定持株比率が高い企業も開示に消極的となった。

リスク情報の開示に関しては，規模が大きく，組織構造が複雑な企業，ガバナンスが充実している企業は開示に積極的である。一方で機関投資家の持株比率が高いことは必ずしも開示につながっていない可能性がある。

2　関心が高まる個別リスク

リスク情報などの定性情報によって投資家が有用な情報を得ることができれば，投資家は予想外の情報に直面した場合でも，その状況についてより正しい解釈を行うことが容易となり，投資家の不確実性が減少する。

リスクは大きく「市場リスク」と企業特有のリスクである「個別リスク」に分けることができる。株主資本コストを算出するための資本資産価格モデル（Capital Asset Pricing Model：CAPM）では企業特有のリスクである「個別リスク」は価格づけに反映されないため，今まであまり注目を集めなかった。しか

しながら近時,「個別リスク」への関心が次第に高まってきている。その理由として，姚（2013）は以下の3点をあげている。1つ目は,「個別リスク」が投資家収益の変動や株価に反映されるという研究成果が蓄積されていること，2つ目はアクティブな投資家や株式を多く持つことが難しい個人投資家が重要な判断材料にすること，3つ目は企業の情報が市場にどのような影響を与えるかを分析する重要な手法であるイベントスタディにとって有用なことである。

　米国における研究では，Ferreira and Laux（2007）がガバナンスの方針と「個別リスク」との間に関係があることを指摘している。一方日本における研究では，Kitagawa and Okuda（2013）において，業績予想誤差と「個別リスク」は正の相関があること，さらに規模の小さな企業や個人投資家が多いといった開示環境が相対的に悪い企業の場合には，業績予想誤差と「個別リスク」との間で正の相関がいっそう強まることが示された。

3　業績パフォーマンスは開示行動に影響するのか？

　リスク情報などの定性情報は投資家に企業の情報を伝達する手段であり，財務的な数字と企業の基礎的な状況をつなぐ機能を持つ。経営者は業績の変化に対して定性情報を調整する可能性がある。特に定性情報の部分は検証可能性が低い，つまり後で結果が異なっていても批判される可能性が少ないため，業績が悪化した場合に開示を積極的に行うことが考えられる。シカゴ大学スキナー教授の論文（Skinner 1994）では，業績が悪い企業は「なぜ業績が悪いのか」を説明するために多くのネガティブなリスク情報を提供するが，それは企業が訴訟リスクを抑え，レピテーション・コストを削減するためだとしている。既述のMerkley（2014）では，業績が悪い企業ほどR&Dに関する開示量が多いことを指摘した。業績が悪い企業は定性情報をより多く開示することで，投資家との情報の非対称性を緩和しようとしていると考えられる。また，筆者がインタビューしたある企業のIR責任者は「今年度の業績低迷に対して，有価証券報告書は制約は多いのは確かだが，説明を手厚くする対応はとりたい」と語っている。こうした方向につながる対応であると考えられる。

4 リスク情報開示のマネジメント効果

　リスク情報の開示によって企業のマネジメントが改善される効果が期待できる。リスク情報を開示するためには社内のさまざまなマネジメントの整備が必要となる。そのため開示がマネジメント整備の1つのきっかけになるからである。開示を契機としてマネジメント体制の整備が企業内で行われることにより，最終的にリスクマネジメントは有効に機能するようになる。

　日本企業を対象とした論文では，東京経済大学の金准教授は，リスク情報開示に関して，リスク情報を積極的に開示する企業は，消極的な企業と比較して業績予想の精度が落ちていないことを実証している（金 2011）。東日本大震災をはじめさまざまなリスク事象の発生によりリスク情報全般への関心が高まったことで，マネジメント効果に対する期待がいっそう高まることが考えられる。

5 リスク情報開示に対する市場の評価

　リスク情報などの定性情報がマーケットに与える影響については，さまざまな先行研究がある。たとえば米国の会計系の学会誌に載っている論文（Bryan 1997）では，株式リターンを従属変数，MD&Aに関する情報を独立変数とする分析を行い，一部の情報が将来株式リターンと有意に正の関係を持つことが実証されている。

　定性情報を市場が十分に織り込んでいないならば，定性情報の開示と株式リターンの間に有意に正（負）の関係が観察される。定性情報は一般的にボイラープレイト（平板）であるとの批判がある一方で，MD&Aの箇所で業績の説明がなされ，かつ企業の業績が悪化している場合などマーケットに対する説明が一層要求される局面においては，定性情報の有用性が高まることが考えられる。

　今回は，有価証券報告書の4ヵ所（「対処すべき課題」，「事業等のリスク」，「MD&A」，「コーポレート・ガバナンスの状況等」）において市場の評価を分析した。業績の内容に直接言及している「MD&A」においては開示効果が認められた。なか

でも業績が悪化している状況において，開示に積極的である点がマーケットからプラスに評価されている。一方で業績が好調な場合はこうした傾向は明確には見られない。これらの結果は，業績が悪化した場合，つまりマーケットからの説明の要請が強い場合により有用性が高まることが考えられる。

6　法定開示と任意開示

　近年，リスク情報などの定性情報が投資意思決定に対して重要な役割を果たす可能性が指摘されている。定性情報には法定開示である有価証券報告書の開示情報とCSR報告書や社会環境報告書などの任意開示の情報が存在する。

　法定開示である有価証券報告書と任意開示であるCSR報告書などの開示をそれぞれ積極的に行う企業で，何か特徴に違いがあるのであろうか。有価証券報告書の開示は具体的な内容が乏しいという指摘がある。一方で，任意開示に関しては，CSR報告書の浸透や統合報告など議論の進展がみられる。そのため開示媒体による違いを検証することは有用である。

　分析対象企業は2014年度において統合報告書を発行している企業である。任意開示についてはCSR報告書，社会環境報告書など当該企業のホームページに掲載のあるページ数を合計した。法定開示については同様の企業で有価証券報告書の中に記載がある「対処すべき課題」，「事業等のリスク」，「MD&A」，「コーポレート・ガバナンスの状況等」の文字数を計算している。

　法定開示では負債比率や社外取締役比率が高いなどガバナンスの項目が大きな影響を持つが，任意開示ではそうした傾向は見られなかった。

　また各企業が統合報告書の発行を開始した前後で開示量を比較したところ，統合報告書の発行開始後において法定開示の開示量には変化は見られないが，任意開示においては開示量が有意に減少している結果となった。さらに有価証券報告書に記載されたCSR関連リスクが有意に減少している一方で，非CSR関連リスクの記載は有意に増加しており，法定開示と任意開示の中で役割分担が進んでいる可能性が指摘できる。統合報告書の発行を受けて企業のリスク情報などの開示方針が変化している可能性がある。

リスク情報はアナリスト予想精度に影響を与えるのか？

　リスク情報などの定性情報は投資家に企業の情報を伝達する手段であり，財務的な数字と企業の状況をつなぐ機能を持つ。洗練された投資家にとって有用な情報であると考えられる。一方で，多様な情報はむしろ混乱を引き起こす可能性がある。定性情報が有用であるならば，アナリスト予想精度に影響があり予想の散らばりが小さくなると思われる。

　今までの研究成果を見ると，米国コネチカット大学の研究者らの論文(Kravet and Muslu 2011)ではリスク情報開示量の変化とアナリスト予想の標準偏差にプラスの関係があり，リスク情報の開示はアナリストの企業に対する見方を不確実にしていることを主張している。前述のMerkley(2014)では，研究開発(R&D)に関する情報はアナリストの業績予想精度を上げるが，それ以外の定性情報は予想精度を悪化させるとしている。

　こうした結果を踏まえ，有価証券報告書のリスク情報がアナリスト予想に影響を与えているのかを検証した。本章ではリスク開示箇所ごとの開示量やリスク数（対数）を説明変数とした分析を実施した。さらにリスク項目を「CSRリスク」，「非CSRリスク」，個別のリスク項目ごとに分けて検証した。

　分析によれば，「事業等のリスク」における開示量が多いと，アナリスト予想精度は悪化する結果となった。リスク項目数でも同様に開示項目数が多いとアナリスト予想精度が悪化する。「CSRリスク」，「非CSRリスク」に分けて検証した結果は，「非CSRリスク」はアナリストの精度に影響を与えているが，「CSRリスク」はその影響が見られなかった。リスク項目ごとに検証した結果では，「取引および法的問題」，「社会・経済」，「政治」，「技術」はアナリストの予想精度を悪化させる。一方で「労働安全衛生」では逆にアナリストの予想精度がよくなる結果となった。以上から「事業等のリスク」におけるリスク情報はアナリストの予想精度に影響を与えており，加えて開示内容によってアナリストの予想精度に与える影響が異なる点が指摘できる。

第13章

リスク情報の戦略的活用法

- ▶有価証券報告書の「事業等のリスク」は，企業のさまざまなリスクを概ね反映していると考えることができる。その変化には企業の戦略を示唆する内容が含まれている。
- ▶リスク情報にはリスクの内容だけでなく，産業間・業態間で比較を行うことで，企業の戦略や行動に関する情報をみつけることができる。「事業等のリスク」の内容を企業ごとに比較することで，将来に向けての情報が得られる可能性がある。
- ▶企業は幅広いステークホルダーとの間で信頼性を構築することが持続的な企業価値の向上には不可欠となっている。その過程でリスク情報の開示・評価が重要なポイントとなる。

　本章では，有価証券報告書の「事業等のリスク」が，事業環境の実態や変化を反映したものになっているのか，さらにはその変化を見ることで，企業行動や戦略の変化を読み解く材料となるのかを見ていくこととしたい。その段階はまず市場レベルから始まり，産業レベル，その産業の中で各業態レベル，最終的には個別企業のレベルで分析することができる（**図表13-1**）。市場レベルの議論は第11章に記載したので，ここでは産業レベルの議論から始めることとする。

図表13-1　リスク開示情報から読み取れること

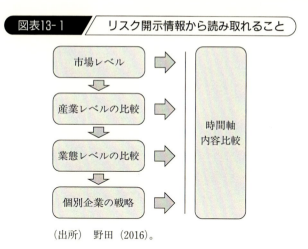

（出所）野田（2016）。

1　産業別の開示効果の利用法

最初に産業間でリスク情報の開示内容に違いがあるのかを確認したい。**図表13-2**は電機産業とそれ以外の全産業におけるリスク別開示比率（2012年

図表13-2　電機産業と全産業におけるリスク別開示比率

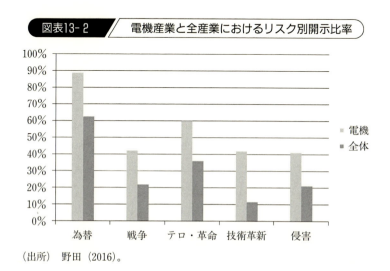

（出所）野田（2016）。

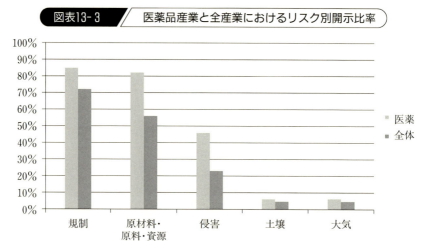

図表13-3　医薬品産業と全産業におけるリスク別開示比率

（出所）野田（2016）。

度）を，**図表13-3**は医薬品産業とそれ以外の全産業におけるリスク別開示比率（2012年度）を記載している。電機産業については，「為替」，「戦争」，「テロ・革命」に加えて「技術革新」，「侵害」といった項目の開示比率が高い。「技術革新」，「侵害」などは特許権やさまざまな技術関連のリスクが記載されたことが考えられる。医薬品産業については，「規制」，「原材料・原料・資源」，「侵害」，「土壌」，「大気」といった項目が全産業を上回っている。

次に**図表13-4**は電機産業とその他全産業における2012年度と2003年度における開示比率の変化（2012年度－2003年度），**図表13-5**は医薬品産業とその他全産業における2012年度と2003年度における開示比率の変化（2012年度－2003年度）を示している。電機産業では，「原材料・原料・資源」，「洪水」，「買収」，「欠陥」，「大気」，「水質」，「感染症」といった項目が全産業の増加率を上回った。タイの洪水やメキシコでの新型インフルエンザなどの影響が考えられる。医薬品産業については「為替」，「原材料・原料・資源」，「買収」，「侵害」，「機密情報」，「放射能」といった項目が全産業の増加率を上回った。医薬品産業では大きなM&Aが続いたことなどが影響しているものと思われる。

図表13-6は電機産業における各リスクの時系列変化を示したものである。

第13章　リスク情報の戦略的活用法

| 図表13-4 | 電機産業と全産業におけるリスク別開示比率の変化 |

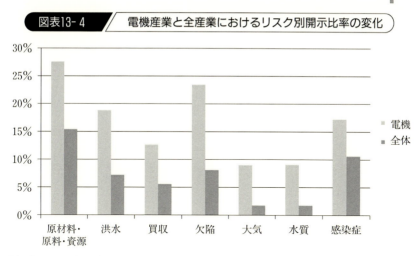

（出所）　野田（2016）。

| 図表13-5 | 医薬品産業と全産業におけるリスク別開示比率の変化 |

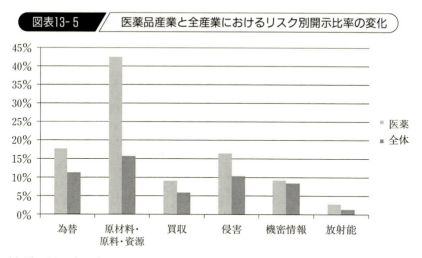

（出所）　野田（2016）。

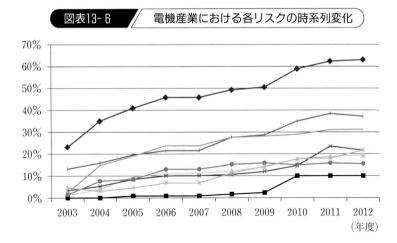

図表13-6　電機産業における各リスクの時系列変化

（出所）　野田（2016）。

　2003年度に対して2012年度に開示比率が上昇したキーワードとして，「地震」，「津波」，「台風」，「洪水」などの自然災害や「感染症」，さらに「機密情報」，「事故」，「個人情報」など情報関連のキーワードがあげられる。

　図表13-7は医薬品産業における各リスクの時系列変化を示したものである。2003年度に対して2012年度に開示比率が上昇したものとして，「機密情報」，「情報流失・漏えい」，「個人情報」など情報関連のキーワード，加えて「市況」，さらに近時の業界再編の状況を反映して「買収」といったキーワードがあがっている。

　図表13-8は電機産業において2003年度と2012年度の対比において，開示数のランクを5位以上あげた項目である。電機業界においてリスク認識が相対的に高まった項目であると考えられる。

第13章　リスク情報の戦略的活用法　157

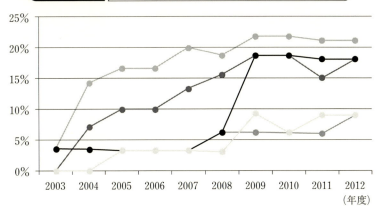

図表13-7　医薬品産業における各リスクの時系列変化

凡例：機密情報　情報流出，漏えい　個人情報　市況　買収

(出所) 野田（2016）。

図表13-8　開示ランクを5位以上あげたリスク項目

(年度)	法令	地震	津波	台風	洪水	情報流出・漏えい	事故	機密情報	労働災害	感染症	健康	個人情報
2003	21	14	62	48	39	29	24	48	62	35	53	39
2004	17	8	62	39	36	28	23	32	62	41	52	26
2005	16	8	58	32	34	26	19	34	58	40	50	20
2006	14	7	60	35	36	22	20	30	60	39	45	19
2007	14	7	60	35	36	22	20	30	60	39	45	19
2008	14	7	57	34	37	21	17	30	61	36	46	17
2009	14	7	55	31	37	21	17	29	61	31	51	18
2010	14	7	39	29	35	22	15	33	58	29	52	20
2011	14	6	40	29	24	22	15	34	52	30	46	19
2012	10	6	40	30	26	20	15	34	56	26	46	18

(順位)

2　業態間の開示効果の利用法

次に業態間の比較について見ていく。**図表13-9**は自動車産業のおける完成車メーカーと部品メーカーにおいて，2003年度と2012年度で開示比率の差が縮まった項目である（逆転した項目を含む）。こうした項目については，サプライチェーンの関係で完成車メーカーから，現段階でリスク対応が完了していない部品メーカーに対してはリスク管理の要請が強まる可能性がある。

図表13-10は電機産業の業態ごとに2003年度と2012年度の開示比率の変化を見たものである。業態は日経業種コードの小分類で分類した。自然災害の分野で開示率が最も上昇したのは電子部品である。東日本大震災の際に部品供給に大きな問題が生じたことが反映していると考えられる。以上のように有価証券報告書の「事業等のリスク」は企業のさまざまなリスクを概ね反映していると考えることができる。また，その変化などから企業の戦略を示唆する内容が含まれている可能性がある。

図表13-9　完成車メーカーと部品メーカーにおける開示比率の差の推移

(%)

	年度	規制	消費者	テロ・革命	欠陥	ストライキ
完成車-部品	2003	43.1	56.9	29.4	5.6	40.6
	2004	24.4	46.9	17.5	13.1	41.3
	2005	31.3	46.9	20.6	0.0	41.3
	2006	30.3	43.9	10.3	−4.5	41.8
	2007	30.3	40.9	13.3	−4.5	41.8
	2008	30.3	33.9	13.3	−14.5	41.8
	2009	21.2	30.3	0.0	−9.1	33.3
	2010	21.2	27.3	3.0	−9.1	36.4
	2011	18.2	27.3	3.0	−15.2	36.4
	2012	15.2	27.3	0.0	−15.2	33.3
2003-2012		28.0	29.6	29.4	20.8	7.3

(出所)　野田 (2016) より作成。

図表13-10　電機産業業態別開示比率の変化

(%)

年度	業態	取引及び法的問題	社会・経済	自然現象	政治	技術	経営及び内部統制	財務	製品・サービス	情報セキュリティ	環境問題	労働安全衛生	雇用
2003年度	重電	22.2	88.9	11.1	11.1	44.4	11.1	0.0	11.1	0.0	22.2	0.0	11.1
	家庭電器(含音響機器)	73.7	94.7	36.8	52.6	63.2	42.1	5.3	36.8	15.8	10.5	36.8	42.1
	通信機(含通信機部品)	72.0	96.0	20.0	36.0	52.0	36.0	4.0	36.0	28.0	24.0	4.0	40.0
	電子部品	55.2	100.0	24.1	44.8	62.1	41.4	0.0	31.0	3.4	10.3	20.7	58.6
	制御機器	41.7	91.7	50.0	33.3	33.3	33.3	0.0	50.0	0.0	8.3	0.0	33.3
2012年度	重電	50.0	100.0	50.0	20.0	70.0	50.0	0.0	30.0	10.0	30.0	20.0	20.0
	家庭電器(含音響機器)	85.7	95.2	71.4	71.4	81.0	61.9	0.0	66.7	47.6	33.3	33.3	76.2
	通信機(含通信機部品)	80.0	96.0	60.0	60.0	76.0	44.0	4.0	60.0	48.0	24.0	24.0	56.0
	電子部品	89.7	100.0	69.0	62.1	86.2	51.7	6.9	72.4	34.5	34.5	44.8	65.5
	制御機器	75.0	100.0	66.7	66.7	50.0	50.0	8.3	58.3	25.0	16.7	25.0	58.3
2012年度-2003年度	重電	27.8	11.1	38.9	8.9	25.6	38.9	0.0	18.9	10.0	7.8	20.0	8.9
	家庭電器(含音響機器)	12.0	0.5	34.6	18.8	17.8	19.8	-5.3	29.8	31.8	22.8	-3.5	34.1
	通信機(含通信機部品)	8.0	0.0	40.0	24.0	24.0	8.0	0.0	24.0	20.0	0.0	20.0	16.0
	電子部品	34.5	0.0	44.8	17.2	24.1	10.3	6.9	41.4	31.0	24.1	24.1	6.9
	制御機器	33.3	8.3	16.7	33.3	16.7	16.7	8.3	8.3	25.0	8.3	25.0	25.0

(出所)　野田（2016）。

3　個別企業の開示効果の利用法

　業界別，業態別に続いて個々の企業についてリスクの開示を見ていくこととしたい。**図表13-11**は主要医薬品メーカーについて2011年度有価証券報告書の「事業等のリスク」に記載のあるリスク内容を整理したものである。掲載企業中リスク開示項目数が最も多い大塚製薬が2012年8月に国際規格「ISO22301」認証を取得した。リスク開示に積極的な姿勢が第三者認証の取得まで可能にしたと考えることもできる。こうした点を見ると「事業等のリスク」の内容を比較することで将来に向けての情報が得られる可能性がある。

　以上のとおり，リスク情報にはリスクの内容だけでなく，産業間，産業内の

図表13-11 医薬品メーカーにおける「事業等のリスク」開示内容

会社名	代替	戦争	テロ・革命	放射能	その他含む開示リスク項目合計
科研製薬	－	－	－	－	2
扶桑薬品工業	－	－	－	－	5
キッセイ薬品工業	－	－	－	－	7
沢井製薬	○	－	－	－	7
あすか製薬	－	－	－	○	9
小野薬品工業	－	－	－	－	11
田辺三菱製薬	－	－	－	－	13
第一三共	○	○	○	－	22
大塚ホールディングス	－	○	○	－	23

(注) ○：開示あり，－：開示なし。
(出所) 野田（2016）より作成。

業態間，個別企業で比較を行うことで，企業の戦略や行動に関する情報が含まれている可能性が示された。

4 リスク情報活用に関する今後の可能性と課題

ここまでリスク情報の戦略的な活用について説明してきたが，本章の最後に今後の可能性と残された課題について述べたい。

現在の社会はサプライチェーンの高度化などによって相互依存性が高まっている。気候変動の問題も世界中で議論されており，近時は風水害の多発など災害リスクとの関係性がいっそう強く主張されるようになった。さらに，CO_2の問題では化石燃料が使用できなくなるような新たなリスクも発生している。CO_2のリスクは一定の限界を超えた場合，いかなる対策をとっても後戻りができない，いわゆる不可逆的なリスクともいわれている。そうした状況において，企業が行うさまざまな投資に対して，リスクを十分に認識したうえで行うレジリエントな形の投資が要請されている。

責任投資原則に署名する機関は増加を続け，日本でも2014年2月には「責任

ある機関投資家」の諸原則（日本版スチュワードシップ・コード）が策定・公表され，コーポレートガバナンス・コードが2015年6月から適用されることになった。こうした流れもあって，企業は幅広いステークホルダーに対してリスクやガバナンスにかかわる非財務情報について，法令に基づく開示を適切に行うとともに，法令に基づく開示以外の情報提供にも主体的に取り組むべきであることが要請されている。

　日本国内でもESGを評価する広義のSRIが拡大している。日本政策投資銀行をはじめとした金融機関による環境，BCPを評価した融資も増加している。加えて日本では2016年4月からレジリエンス認証制度がスタートし，国際的にはリスクマネジメント関連のISO規格が拡充されている。また地域的な視点では，国連の機関が主導する「都市の災害回復力スコアカード」の活動がある。新しいリスクを見える化し，対応力の向上を図るために，さまざまなインセンティブを提供することも重要である。この章で紹介したリスク情報の戦略的活用をはじめとして，企業のリスクマネジメントに関するさまざまな取組みを貨幣価値に変換できるような積極的なしくみを社会全体で構築していくことが今後の課題である。対応力の向上を先んじて図ることは企業の競争力の源泉にもなり，結果として社会的な課題の解決にもつながるだろう。

　2016年4月に発生した熊本地震でもソーシャルネットワークの活用が被災地に多くの情報をもたらし，復旧に大きな役割を果たしている。今後，新たなIT関連の技術開発をはじめとした多くのイノベーションが起こり，その普及が進むことでリスクマネジメントが飛躍的に改善することが期待されている。また，そうしたイノベーションを断続的に起こさない限りにおいては，経済性と社会性の両立は困難となろう。日本のGDP成長率は世界188ヵ国中，164位となっており（IMF World Economic Outlook Database October 2015），環境変化がなければ，成熟した国が成長することは難しい。リスクを取りながらも危機に対応する企業・組織を作ることが重要となる。

　今後，社会的なリスクを効果的に減少させるために，新たなリスク評価指標が必要となる。リスクが多様化し，企業のリスク開示が増加の一途をたどるなか，経済的な合理性との兼ね合いで企業のどの部分を評価するのかは難しい問題である。さらに少頻度で大きな被害をもたらすイベントへの対応はさらに困

難な課題となる。近時 BCP が進化を続け，レジリエンスに関する現場でのノウハウが蓄積されている。その中で原因にとらわれない対策，環境変化への対応，将来価値の創出(保全)を目指す戦略的リスクマネジメントを活用することは課題の解決に向けて大きな可能性を持っている。

第14章

業界別リスク分析

- ▶企業価値評価を行う際には、まずその企業が属する業界におけるリスクの視点を確認することが有効である。
- ▶業界分析では、ビジネスモデルの変化が速い業界がどうか、ハイリスク・ハイリターンの業界か比較的安定的な業界か、主要顧客は誰か、といった点を中心に分析を行う。
- ▶業界の分析をもとに、企業の非財務面での分析を加えることが、5年後、10年後といった長期的な企業価値を見通すことにつながる。

　第13章では有価証券報告書の内容から網羅的にリスク内容をみてきたが、第14章では、具体的な業界をとり上げながらリスク評価や注目すべき点について説明したい。

1　分析の流れ

企業価値評価を行うためには、以下のプロセスが必要となる。

①　各業界におけるリスクの視点を確認する→2節(1)
②　その企業が属する業界のリスク分析を行う→2節(2)
③　企業の内容を財務・非財務の両面からとらえる→3節

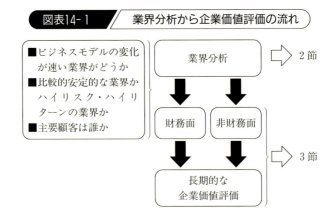

以上を踏まえて，最終的な企業価値を判断することになる。特に非財務の分析を加えることが，5年度，10年後といった長期的な企業価値を見通すことにつながる（**図表14-1**）。

2　業界分析

(1)　各業界におけるリスクの視点

図表14-2は各業界の主なリスクを記載したものである。業界の中でどのような業態をとるのか，そして最後はビジネスモデルでどのようなリスクがあるのかを分析しなければいけないが，その前に業界で一般的に指摘されているリスクを見ることは参考になる。

以下では主要な業界におけるリスクにそって，課題と今後の展望について概説する。下線は図表14-2に記載のあるリスク事項である。

①　鉄道業

沿線人口が減少に転じている地域が多いため，運賃収入の大幅な増加は見込めない。就業動態を含めて沿線の動向を把握する必要がある。鉄道業は運輸部

図表14-2　各業界の主要リスク

業界	主要リスク	業界	主要リスク
鉄道	・人口減少下での収益基盤の確保 ・ブランド ・新規事業への展開	損保	・災害多発 ・海外展開 ・保険金不払問題
航空	・イベントリスク ・燃料費・人件費の削減 ・路線の拡大，再編 ・格安航空会社の台頭 ・アライアンス（企業連合）	旅行	・国内人口減少による国内需要頭打ち ・ネット関連サービスの浸透による手数料減少 ・企画力強化 ・インバウンド需要取り込み ・観光客の危機管理
バス	・人口減少下での収益基盤の確保 ・運転手不足 ・安全性確保	宿泊	・ホームページの利便性向上 ・インターネット経由の予約 ・海外の旅行会社との提携等による外国人集客力の強化 ・個性的なサービスを売り物にした特定顧客層の囲い込み ・民泊との競合
不動産	・地価動向 ・流動性リスク ・土壌汚染・耐震偽装		
製薬	・新薬開発 ・業界再編 ・海外展開 ・ジェネリック医薬品への取組み	百貨店	・専門店業態の導入 ・商品の企画，開発 ・他の小売業との競争
銀行	・不良債権問題 ・海外戦略への基盤整備 ・収益力向上 ・コンプライアンス対応 ・システム障害	製菓	・原材料の高騰 ・食品偽装などの問題 ・ブランド維持
		インターネットモール	・店舗の不祥事 ・モールの信頼度向上 ・個人情報の管理
証券	・グローバル展開 ・マーケットの状況 ・エクイティファイナンスの動向 ・ネット証券会社	インターネット証券会社	・IT投資の負担 ・サービス内容の差別化

門に不動産，流通，レジャーなどさまざまな部門をグループで保有しており，運輸部門以外の新しい事業への展開が必要となる。企業ブランドを活かしながら，介護サービスや子育て支援といった生活関連サービスへの展開を図ることが考えられる。

　運輸部門は輸送量増強・利便性向上のための投資に加え，近時は設備の耐震化やホームドアの設置など安全対策投資が増加している。こうした投資の対応

のために財務面での配慮が必要となる。

②　航空業

　航空業はイベントリスクが高く，オリンピックやワールドカップなどの開催は旅客収入にプラスの影響，反対にテロや新型インフルエンザなどは大きなマイナス要因となる。墜落などの航空機事故は1社だけでなく業界全体に影響を及ぼす。

　燃料費は各社のアニュアルレポートを参考にすると事業費の2割弱を占め，原油価格の高騰に伴う燃料費負担の増加は航空各社の経営を圧迫することになる。各社は運行の効率化やヘッジ取引などによって対策をとっているものの，原油価格の変動には対応が難しい。人件費についても，特に費用負担の大きい運行乗務員（パイロット）の賃金抑制が必要となるが，路線の拡大によるパイロットの需要増で難しい状況にある。

　大手航空会社は低採算路線からの撤退により収益力を向上させることが必要となるが，撤退には地元自治体の反発が予想され説得に時間を要する可能性がある。

　さらに，格安航空会社（LCC：Low Cost Carrier）が国内に参入する動きが広がっている。海外においてLCCはすでに一定の地位を築いており，北米，ヨーロッパでは3割，東南アジアでは5割を超えている（日本のLCCの現状と課題　国土交通省航空局）。日本ではようやく定着した段階であるが，今後LCCとの間で価格競争や市場シェアの変化が起こる可能性があり，共存のための戦略を構築する必要がある。またアライアンスによる効率化や新規市場の開拓がポイントである。

③　バス事業

　乗合バスの輸送人員は，マイカーの普及による影響によって減少傾向が続いている。

　都市部においては相応の需要はあるものの，渋滞の発生によって運行スケジュールが正確でないことや近隣の地下鉄路線などとの競合によって減少が続いている。都市部以外の地域は，バスは主として高齢者や学生に利用されてお

り，バス利用者の絶対数が少ないため事業環境は厳しい(「2014年版日本のバス事業」日本バス協会)。国や自治体からの補助金などを活用しても赤字が拡大し，路線の縮小・廃止を踏み切る事業者もある。人件費削減のため，バス事業部門の分社化を図る企業もあるが抜本的な改善は難しい。さらに近時は<u>運転手不足</u>の解消や<u>安全性確保</u>という問題も大きくとり上げられている。

④ 不動産業

日本の新設住宅着工数は1968年に100万戸を超えて以降，景気の影響などにより増減を繰り返しながらも，100万戸を超える水準で推移した。その後リーマンショックにより大幅な減少が見られ，40年ぶりに100万戸を下回ったものの，2009年以降は緩やかな持ち直しの傾向にある(国土交通省「我が国の住生活をめぐる状況」)。しかしながら，日本国内の人口が減少に転じていることから，各機関の推計などでは，今後の住宅着工数は減少の見込みである。不動産業は<u>地価の動向</u>に大きな影響を受ける。1990年代のバブル崩壊以降，地価は下落傾向が続いたが，近時は大都市圏を中心に<u>上昇</u>に転じている地域もある。

不動産業においてはキャッシュフローの分析が他の業界にまして重要である。投資規模が営業キャッシュフローに比べ適切か，タイミングはどうか，途中での<u>資金繰り</u>に対して金融機関の対応はどうかといった点を確認する。

不動産業は業態によってそのリスクの程度が異なる。一般的に不動産の資産価値の影響を受ける分譲や賃貸はリスクが高く，仲介・管理は比較的リスクが少ない。

<u>土壌汚染や耐震偽装</u>，さらには横浜市でずさんな杭打ち工事からマンションが傾斜した事件など多くが社会問題化しており，建築基準法・自治体条例等の遵守への関心がいっそう高まっている。不動産の立地や管理状況，建物の構造，耐震化の状況，有害物質の状況などについての情報提供や不動産評価への反映がより求められるようになった。かつては不動産価値を決める要因としては立地要因が大きかったが，これに加え，最近では耐震性などの構造上の問題が以前より反映されるようになった。

近時は，不動産の金融商品化(J-REIT)や不動産開発事業のオフバランス化などが進展し，新たなビジネス分野が拡大している。

⑤ 製薬業

　新薬の開発には長い年月と，膨大な研究開発費を要する。新薬の成功確率は極めて低く，臨床段階で副作用が見つかるとそれまでの投資が無駄になる可能性もあり大きなリスクを抱えている。副作用の問題で多額の損害賠償訴訟が起こされるケースもある。一方で，製品化を急ぐあまり臨床データの不適切な操作などが大きな問題として世間を騒がせた。また，製薬企業の収益源であるヒット新薬が相次いで特許切れを迎える状況になった場合，それに代わる新薬の開発やM&A，海外展開などによるリソースの確保が求められる。

　ジェネリック医薬品は政策上普及が進められているが，日本においてはさらなる市場拡大の余地があるとみられ対応が必要となっている。

⑥ 銀行業

　全国銀行協会によれば銀行を取り巻く環境として，マクロ経済・銀行経営環境，金融制度・金融行政等，社会環境等の3つがあげられている（全国銀行協会ホームページ）。経営環境に関して，不良債権問題はようやく終息したものの，その後リーマンショックなど経済危機による影響に見舞われている。

　経済のグローバル化が進展しており，国際的な競争環境のなかで勝ち残るためにも，収益力の向上が重要な課題となっている。収益力強化のため，各行とも投資信託・保険の販売など手数料収入につながる業務に力を入れている。

　一方で，金融機関に対しては，反社会的企業への融資といったコンプライアンス問題が発生し，チェック体制の充実が求められている。さらに融資先の内容が社会的な基準と照らし適正かといった社会的な責任も要求されるようになった。また，特にリテール業務を持つ金融機関はシステム障害などによる利用者への影響が企業のブランドに大きく響いてくる。近時はITを活用した金融サービスであるフィンテック（Fintech）や，仮想通貨といった新しい金融分野へ備えることも重要な課題となっている。

⑦ 証券業

　大手証券会社はグローバル展開を目指しているが，人件費負担や人材流失などの問題もあり，本格的に収益に貢献するのかを見極める必要がある。中堅証

券会社は，大手証券会社ほどには収益構造の多様化が進んでいない。そのため株式売買委託手数料の落ち込みを，投資信託や外債の販売で補う動きがある。またマーケットの状況によって取引量やエクイティファイナンス関連の業務は大きな影響を受ける。格安の手数料で顧客基盤を拡大してきたネット証券と新たな競争状態に入る可能性がある。

⑧ 損保業

規制緩和・自由化により，業界再編が行われてきた。国内の既存分野はすでに成熟した市場である。損害保険協会では，第7次中期基本計画(2015～2017年度)を策定し，当面の3ヵ年で優先的に取り組む課題として，超高齢社会への取組み，グローバル化への取組み，新たなリスクへの取組み，自然災害への取組み，保険犯罪への取組みなどをあげている（ファクトブック 2015　日本の損害保険　日本損害保険協会）。その中でもとり上げられているが，日本の損保全体の収益は，台風や地震などの自然災害の発生により大きく左右されやすい。近時の地震や風水害の多発は各社にとって減益要因となる。今後の収益拡大のためには，海外進出やグループ内にある生命保険会社の規模拡大など新たな収益分野を増やす必要がある。

保険金の不払いや火災保険料の取り過ぎなどの問題は一応の落ち着きをみせた。しかしながら，この事件は改善のために相応のコストが発生させたばかりでなく，企業のブランドにも大きな影響を及ぼした。

⑨ 旅行業

2015年の「明日の日本を支える観光ビジョン構想会議」（国土交通省観光庁）では，2020年の訪日外国人旅行者数目標を年間2,000万人から4,000万人に倍増し，宿泊・飲食代などの旅行消費額は2020年に8兆円を目指している。

一方で，国内人口の減少にともない国内需要は頭打ちである。ネット関連サービスの浸透により手数料収入が減少している。各社は共同商品の開発やシニア層の取込みなど企画力の強化に努めている。

ヘルスツーリズム（健康）やエコツーリズム（環境）といった特定のテーマに配慮した旅行形態であるニューツーリズムに対応し，地元にある観光資源の強

みを生かした企画立案や個人の嗜好に対応した需要をいかに喚起していくのかが課題である。ビザ発行の所得制限緩和策もあり，訪日外国人旅行者数は大幅に増加した。しかし日本の外国人旅行者受入数は国際的にはまだ低い水準であることから，さらなる上昇の余地がある。インバウンド（訪日外国人）のさらなる取り込みを地域活性化とからめて進めることも重要である。一方でインバウンドはテロ，災害などのイベントリスクの影響によって旅行客受入数が大幅に減少する危険性をはらんでいる。

⑩　宿泊業

　宿泊業は，一般的に多額の設備投資が必要であり，投下資本の回収に長期を要する。人件費，減価償却費など固定費負担が大きいため経営の柔軟性に乏しい。

　集客の強化については，ホームページの利便性向上，インターネット経由の予約への対応，外国人集客力の強化，個性的なサービスを売り物にした特定顧客層の囲い込みなどが必要となる。経営の効率化のために，人件費や材料費の削減，業務の機械化や外注化などへの対応が求められる。

　1990年代，バブル崩壊後に宴会需要が低迷したことにより，関連の施設が過剰投資となり収益の圧迫要因となった。そのため宿泊機能に特化したホテルが主流になっている。しかしながら近時，首都圏では，外資系高級ホテルが相次いで開業している。これは，都心における大規模な再開発によって不動産価値が向上したことや，今までは世界の主要都市に対して東京の宿泊単価が割安であったこと，訪日外国人が増加したことなどが理由として考えられる。

　従来，ホテルは経営主体が施設を所有して運営を行ってきたが，近年は，賃貸やリースなど所有形態は多様化している。運営形態についても，経営主体が直接運営するほか，別の運営会社への業務委託やフランチャイズなど，さまざまな手法がある。外資系ホテルチェーンはフランチャイズ化を推進するなど規模の拡大を図っており，ホテル間の合従連携が進展している。また，近時は一般家庭に宿泊する新たなサービス形態である民泊との競争やすみ分けといった課題が出てきている。

⑪ 百貨店

　百貨店の経営環境は，バブル崩壊後から厳しいものになっていたが，リーマンショックによって，一段と深刻さを増した。このため，経営合理化の必要性が高まり，2007年以降，従来型の商品調達を中心とした緩やかなグループ化ではなく，M&Aによる積極的な経営統合が進められてきた。大丸と松坂屋，阪急百貨店と阪神百貨店，三越と伊勢丹といった大手百貨店の間で進められてきた経営統合がその例である（地域の経済2009－環境と農業を再生の原動力に－内閣府政策統括官室）。百貨店にとって，集客力を強化するための専門店の導入，テナントの選別・管理，競争力のある商品の共同開発などが重要となる。

　業界を取り巻く環境として，ポジティブな要因としては，インバウンド消費の拡大，M&Aの効果があげられる。ネガティブな要因としては，少子化による消費の減少，ショッピングセンターとの競合，ネット通販との競合などがあげられる。

　近時は，インバウンドへの対応が大きなポイントとなっている。外国人の大量購買（いわゆる爆買）が売上を押し上げる要因となった。外国人へ対応した店員の配置，商品情報の提供，旅行プランのサポート，専用カードの発行などへの対応が進められている。

　スーパーや郊外型店舗さらには専門店との競争が続くなかで，百貨店として，モノの販売にとどまらない楽しさ，エンターテイメントなど，何を売りにしていくかが問われている。

⑫ 製菓業

　製菓業界の市場は今後の大きな伸びは期待しにくい。したがって，新たな需要をどのように喚起させるかが重要であり，健康志向に関連した商品，少子化に対応した大人向けの商品開発，インバウンド向け商品への対応などが考えられる。菓子製品の中には何十年にわたって人気を維持している商品も多く，こうしたブランド商品のイメージを再認識させることも必要となる。

　海外から原材料を輸入している企業が多いため，国際的な市場動向の影響を受ける可能性が高い。また，賞味期限切れ商品の販売や産地偽装，原材料偽装など消費者を裏切る行為によって大きくブランドが毀損する危険性を抱えてい

る。冷凍食品への毒物混入などの問題から食の安心・安全に対する消費者の関心が集まり、今後さらにこうした意識が高まることが考えられる。

⑬　インターネットモール

インターネットショッピングモールにおけるクレジットカード加盟店は、実際に店舗を持つ加盟店と比べると、モールでの出店および閉店が容易である。このため悪意を持った事業者が、商品を発送せず、クレジット事業者からの支払だけを受けて姿を消してしまうなどの詐欺的事案が起こる可能性がある（「インターネット商取引とクレジット事業研究会　中間報告書」平成17年10月　同研究会　経済産業省）。

したがって、出店する店舗に対して適切な審査・指導を行うことでモール全体の信用を上げることが重要となる。顧客の不適切な販売方法によってモール全体の信用が問われるケースが起きている。

インターネットでのアクセス数を増加させることが各店舗への支援となることから、新たなソーシャルネットワークサービスを利用することも1つの方法である。一方で、個人情報に対する関心が高まっており顧客の情報管理の徹底が必要となる。

⑭　インターネット証券会社

取引の利便性の高さや取引コストの低さを背景に、取引量を増加させてきたが、近時は市場全体の取引量の2～3割となっている（「インターネット取引に関する調査　平成28年3月末」日本証券業協会）。口座管理や情報提供などのため継続的なIT投資が必要となるが、投資額に見合うリターンを確保しなければならない。基本的に他社との差別化が難しいなかで、いかにして付加価値のあるサービスを提供できるかがポイントとなる。成長性はすでに鈍化の傾向を見せているという指摘がある一方で、新たなサービス展開が模索されている。

(2)　業界分析の事例

各業界のリスクはそれぞれの業界が置かれている環境によっても異なるが、大きくは以下の切り口に分類できる。

> ① ビジネスモデルの変化が速い業界か一定な業界か
> ② ハイリスク・ハイリターンの業界か比較的安定的な業界か
> ③ 主要顧客は誰か，消費者か企業か

それぞれの事例を以下では示そう。

【①の視点】

鉄道業

　鉄道業は公共性がきわめて強いことから，国の監督・規制を受けている。公共性が高いゆえに，必ずしも利益につながらない利便性向上，安全対策，耐震化などの投資が強く求められる。

インターネットモール

　インターネット上の特定の場所に店舗を集め，ショッピングをできるようにするビジネス形態であるが，インターネット関連技術の進展（端末，ソフト）は速く，新しいサービスが次々と登場している。技術の進展をビジネスの流れにタイムリーに取り入れていく必要がある。

【②の視点】

製薬業

　各社とも多額の研究開発費を投入している。一方で，新薬開発の成功率はきわめて低いため，製薬企業にとって開発費用の負担は増している。

製菓業

　製菓業界の市場はほぼ成熟化していることに加え，少子化が進行していることから，市場が拡大する可能性は低い。一方で，菓子製品の中には何十年にわたって人気を維持している商品も多い。

【③の視点】

航空業

　航空機事故または運行トラブル等が起きた場合，イメージダウンから顧客離

れが起こり，業績に大きな影響を与える可能性がある。

|自動車部品|

サプライチェーンの関係で，製品の品質面，納期，事業継続の対策面で要求レベルが高い。

3　企業価値評価の流れ

図表14-1で示した業界分析から企業価値評価の流れについて，首都圏の私鉄各社を例に説明しよう。

(1) 業界分析

最初にその企業が属する業界の動向をおさえる必要がある。**図表14-3**は大手私鉄の輸送人員の推移を示したものである。私鉄業界において，輸送人員の推移は今後を見通すうえでも重要なデータである。関東の私鉄は他社路線との相互直通運転等のネットワーク作りに加え，関東圏における人口の社会増もあり，

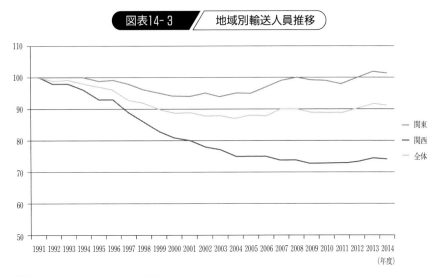

図表14-3　地域別輸送人員推移

（注）　1991年度を100とした数字。

輸送人員は2000年度を底に増加に転じ，2007年度には1991年度とほぼ同じ水準にまで回復している。一方で関西の私鉄は，関西圏における人口の社会減，JRとの競合激化から1991年度以降減少基調にある。ファンダメンタルな状況の把握がスタートラインとなる。

(2) 財務面の検討

次に企業の財務面での状況を見るが，部門ごとの実績，今期の見込み，そして中期的な見通しに分けて分析する。たとえば**図表14-4**を例にとって説明しよう。収支予想のポイントとして，運輸部門は(1)で見た輸送人員の推移が今後の見通しには有用な情報となる。数年後には沿線人口が減少に転じるため，それを勘案した予想となる(収支予想ポイント①)。不動産部門は，副都心などの物件が竣工し売上に寄与し，長期的には安定的な収入を確保できる見通しである(収支予想ポイント②)。レジャー部門は，中核観光地への投資強化を行っており，関連企画商品の開発，施設相互の送客拡大などの方策とあいまって相応の増収が確保できる見通しとなる(収支予想ポイント③)。流通部門は，沿線のゾーンごとに居住人口，通勤実態をとらえた生活密着型ビジネスが長期的には収益の大きな柱になる見込みである(収支予想ポイント④)，以上の投資によって償却費負担の増加はあるものの，適切な案件を選択して効率的に行うことで財務体質はいっそう強化できる(収支予想ポイント⑤)。これらの収支予想のポイントを踏まえ，全体の収支見通しやキャッシュフローの予想を行う。

(3) 非財務面の検討

次に非財務面を分析する。非財務面には財務面での情報には直接現れない企業の戦略や長期的な視点から見た場合に重要となる情報が含まれている。**図表14-5**は私鉄8社の戦略をまとめたものである。業界共通の課題とは別に，その企業がどのような個別の課題をかかえているのか，そしてそれに対してどのような解決策(戦略)を持っているのかを比較検討する(本件の事例は，企業評価の流れを説明するための材料として，各企業が開示している内容などから記載したものである)。

図表14-4　長期の収支見通し

	実績	見込み	中期経営計画
運輸	営業密度は業界の中でも最上位	数年は微増の見通し	数年後まで沿線人口増大，その後減少に転じる。横ばいの見通し
不動産	副都心などの物件が竣工し売上に寄与	賃貸物件の強化に伴い，償却費負担が増加	長期的には安定的な収入を確保
レジャー	ポテンシャルは高いが活用が不十分	中核観光地への投資強化	ホテル，観光施設の関連企画商品を開発，相互の送客拡大を図る
流通	小売店の売上高が同業他社に比べ高い	小売に加え，介護，医療，子育て支援施設を立ち上げ	沿線のゾーンごとに居住人口，通勤実態を把握した生活密着ビジネスを強化

中期経営計画列：収支予想ポイント①
見込み列：収支予想ポイント②
実績レジャー：収支予想ポイント⑤
見込みレジャー／流通：収支予想ポイント③
中期経営計画流通：収支予想ポイント④

(億円)

		○○○○年度(現状)	○○○○年度(予想)	
売上高	運輸	280	280	2015年が首都圏人口のピーク，当社沿線は2020年頃←収支予想ポイント①
	不動産	270	320	副都心の賃貸不動産の拡大←収支予想ポイント②
	レジャー	50	100	中核観光地への投資強化，内外からの観光客誘致←収支予想ポイント③
	流通	60	100	沿線の生活関連産業の強化←収支予想ポイント④
合計		660	800	
負債比率		300	270	効率的な投資による財務体質の強化←収支予想ポイント⑤
キャッシュフロー		300	350	株主への対応

図表14-5　各社の課題と戦略

	京王電鉄	小田急電鉄	東京急行電鉄	京浜急行電鉄	京成電鉄	相鉄HD	東武鉄道	西武HD
課題	内部留保の活用	保有する経営資源を活用した開発計画を推進	大規模プロジェクトの効果拡大	保有資産の一層の活用	成田空港の輸送の利便性、認知度向上	沿線のブランド価値向上	交流人口の増加、沿線と地域の活性化	保有不動産の有効活用
	沿線人口減少への対応							
戦略	沿線の活性化・深化、子育てビジネスなどの拡大、ホテル展開強化	複々線完成後の収益最大化、箱根、江ノ島、鎌倉等の観光エリアにおけるさらなる魅力向上	渋谷、二子玉川をはじめとする沿線開発のさらなる推進	羽田空港の航空需要の増大によるビジネスおよび観光需要の拡大	成田スカイアクセスの利便性・認知度の向上により、鉄道事業の競争力・収益力の強化	東京への乗り入れ（相互直通運転計画）	スカイツリーの収益力強化、日光・鬼怒川をはじめとする観光拠点の活性化戦略	大規模再開発による事業機会の拡大

(出所)　各社ホームページなどより作成。

(4) 長期的な企業価値評価

　財務面・非財務面の状況を踏まえ，各社の戦略を検討することで企業の長期的な企業価値評価につなげることができる。ここでは企業のもつ課題に対してどのような対応をとるかという点に加え，長期的な観点から注力すべき分野を加えた企業の戦略をみていく。私鉄会社の戦略をまとめると**図表14-6**のようになる。

　各社とも人口減少下で収益基盤の確保が求められている。その中で1つ目は中核観光地への投資強化を図り，観光需要の拡大や地域活性化につなげる戦略，2つ目はグループ経営の強化を図り不動産ビジネスなどのいっそうの深化を図る戦略，3つ目はブランドの強化を図り，街づくり，安全，環境，介護などの新たなビジネスへの展開を強化する方向が浮かび上がる。

　こうした方向性に対して，「戦略的リスクマネジメント」の観点から見ていかなければならないポイントは，次の3点である。1つ目はBIAの視点も勘案して重要事業の選定が適切になされているのか。2つ目はグループ経営の強化を図ることで，環境変化への対応力強化につながっているのか。3つ目はそれぞれの戦略が将来価値の創出（保全）に貢献するかどうかである。

図表14-6　私鉄各社の長期的な戦略

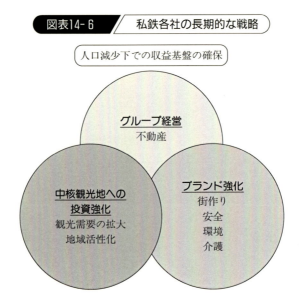

■参考文献

Acharya, V.V., Y. Amihud, and L. Litov. 2011. Creditor rights and corporate risk-taking. *Journal of Financial Economics*. 102(1): 150-166.

Aghion, P., J.V. Reenen, and L. Zingales. 2013. Innovation and Institutional Ownership. *The American Economic Review*. 103(1): 277-304.

Akerlof, G.A. 1970. The Market for 'Lemons': Quality Uncertainty and the Market Mechanism. *The Quarterly Journal of Economics*. 84(3): 488-500.

Alam, M. 2006. Stakeholder theory. In: Hoque, Z. (Eds.). *Methodological Issues in Accounting Rsearch: Theories and Methods*: 207-222. London: Spiramus Press. Ltd.

Arrow, K.J. 1963. Uncertainty and the Welfare Economics of Medical Care. *The American Economic Review*. 53(5): 941-973.

Ball, R., and P. Brown. 1968. An Empirical Evaluation of Accounting Income Numbers. *Journal of Accounting Research*. 6: 159-178.

Beaver, W., H. 1968. The information content of annual earnings announcements. *Journal of Accounting Research*, 6: 67-92.

Beretta, S., and S. Bozzolan. 2004. A framework for the analysis of firm risk communication. *The International Journal of Accounting*. 39: 265-288.

Berger, P., and E. Ofek. 1995. Diversification's effect on firm value. *Journal of Financial Economics*. 37(1): 39-65.

Bryan, H.S. 1997. Incremental Information Content of Required Disclosures Contained in Management Discussion and Analysis, *The Accounting Review*. 72: 285-301.

Campbell, J.L., H. Chen., D.S. Dhaliwal., H. Lu, and L.B. Steele. 2011. The Information Content of Mandatory Risk Factor Disclosure in Corporate Filings. American Accounting Association Annual Meeting 2011.

Comment, R., and G.W. Schwert. 1995. Poison or Placebo Evidence on the Deterrence and Wealth Effects of Modern Antitakeover Measures. *Journal of Financial Economics*. 39: 3-43.

COSO ERM. 2004. Enterprise Risk Management−Integrated Framework Executive Summary. The Committee of Sponsoring Organizations of the Treadway Commission.

Denis, D.J., D.K. Denis, and K. Yost. 2002. Global diversification, industrial diversification, and firm value. *Journal of Finance*. 57(5): 1951-1979.

Diamond, D.W., and R.E. Verrecchia. 1991. Disclosure, liquidity, and the cost of capital. *The Journal of Finance*. 46(4): 1325-1359.

Disaster Resilience Scorecard for Cities   www.unisdr.org/2014/campaign-cities/Resilience%20Scorecard%20V1.5.pdf

Dhaliwal, D.S., O.Z. li, A. Tsang, and Y.G. Yang. 2011. Voluntary Nonfinancial Disclosure and the Cost of Equity Capital: The Initiation of Corporate Social Responsibility Reporting. *The Accounting Review*. 86(1): 59-100.

Dutta, S., and B. Trueman. 2002. The Interpretation of Information and Corporate Disclosure Strategies. *Review of Accounting Studies*. 7(1): 75-96.

Ferreira, M.A., and P.A. Laux. 2007. Corporate Governance, Idiosyncratic Risk, and Information Flow. *Journal of Finance*. 47(2): 427-466.

Foerster, S.R., S.G. Sapp, and Y. Shi. 2010. The impact of management earnings forecasts on firm risk and firm value. Working paper, University of Western Ontario.

Goodman, T.H., M. Neamtiu, N. Shroff, and H.D. White. 2014. Management Forecast Quality and Capital Investment Decisions. *The Accounting Review*. 89(1): 331-365.

Guiso, L., P. Sapienza, and L. Zingales 2015. The value of corporate culture. *Journal of Financial Economics*. 117(1): 60-76.

Guthrie, J., R. Petty, and F. Ricceri. 2006. The voluntary reporting of intellectual capital: comparing evidence from Hong Kong and Australia. *Journal of Intellectual Capital*. 7(2): 254-271.

Hannan, M., T., and J. Freeman. 1977. The Population Ecology of Organizations. *American Journal of Sociology*. 82(5): 929-964.

Hiruma, Y., and K. Noda. 2012. Survey on the Disaster Preparedness and Business Continuity of Companies in the Great East Japan Earthquake~Improving the business value by the Information Sharing and Disclosure of BCPs~. *Journal of Disaster Research*. 7(4): 363-367.

Jensen, M.C., and W.H. Meckling. 1976. Theory of the Firm: Managerial Behavior, Agency Costs and Ownership Structure. *Journal of Financial Economics*. 3(4): 305-360.

John, K., L. Litov, and B. Yeung. 2008. Corporate Governance and Risk-Taking. *The*

Journal of Finance. 63(4): 1679-1728.

Jorion, P. 2002. How Informative Are Value-at-Risk Disclosures?. *The Accounting Review*. 77(4): 911-931.

Jung, M.J., M.H.F. Wong, and X.F. Zhang. 2015. Analyst Interest as an Early Indicator of Firm Fundamental Changes and Stock Returns. *The Accounting Review*. 90(3): 1049-1078.

Kalcheva, I., and K.V. Lins. 2007. International Evidence on Cash Holdings and Expected Managerial Agency Problems. *Review of Financial Studies* 20(4): 1087-1112.

Khan, M., G. Serateim, and A. Yoon. 2016. Corporate Sustainability: First Evidence on Materiality. *The Accounting Review*. 91(6): 1697-1724.

Kim, O., and R.E. Verrecchia. 1994. Liquidity and volume around earning announcements. *Journal of Accounting and Economics*. 17(1-2): 41-67.

Kitagawa, N., and S. Okuda. 2013. Management Forecasts, Idiosyncratic Risk and Information Environment KOBE UNIVERSITY Discussion Paper Series.

Koonce, L., M.L. Mcanally, and M. Mercer. 2005. How do Investors Judge the Risk of Financial and Derivative Instruments?. *The Accounting Review*. 80: 221-241.

Kravet, T., and V. Muslu. 2011. Informativeness of risk disclosures in corporate annual reports. http://ssrn.com/abstract=1736228

Lang, M.H., and R.J. Lundholm. 1996. Corporate Disclosure Policy and Analyst Behavior. *The Accounting Review*. 71: 467-492.

Lehavy, R., F. LI, and K. Merkley. 2011. The Effect of Annual Report Readability on Analyst Following and the Properties of Their Earnings Forecasts. *The Accounting Review* 86(3): 1087-1115.

Li, F. 2006. Do Stock Market Investors Understand the Risk Sentiment of Corporate Annual Reports? University of Michigan.

Linsmeier, T., D. Thornton, M. Venkatachalam, and M. Welker. 2002. The Effect of Mandated Market Risk Disclosures on Trading Volume Sensitivity to Interest Rate, Exchange Rate, and Commodity Price Movements. *The Accounting Review*. 77(2): 343-377.

Linsley, P.M., and P.J. Shrives. 2006. Risk reporting: A study of risk disclosures in the annual reports of UK companies. *The British Accounting Review*. 38(4): 387-404.

Locke, E.A., and G.P. Latham 2002. Building a practically useful theory of goal setting and task motivation. *American Psychologist*. 57(9) : 705-717.

McConnell, J.J., and H. Servaes. 1990. Additional evidence on equity ownership and corporate value. *Journal of Financial economics*. 27(2) : 595-612.

Menassa, E. 2010. Corparate social Responsibility ; An exploratory study of the quality and extent of social disclosures by Lebanese commercial banks. *Journal of Applied Accounting Research*. 11(1) : 4-23.

Merchant, K., and W.A. Van der Stede 2007. Management Control Systems : Performance Measurement, Evaluation and Incentives (Second Edition). Financial Times Prentice Hall.

Merkley, K.J. 2014. Narrative Disclosure and Earnings Performance : Evidence from R&D Disclosures. *The Accounting Review* 89(2) : 725-757.

Morck, R., A. Shleifer, and R.W. Vishny. 1988. Management Ownership and Market Valuation : An Empirical Analysis. *Journal of Financial Economics*. 20(1-2) : 293-315.

Morris, R.D. 1987. Signalling, agency theory and accounting policy choice. *Accounting and Business Research*. 18 : 47-56.

Nichols, D.C., and M.M. Wieland. 2009. Do Firms' Nonfinancial Disclosures Enhance the Value of Analyst Services? Cornell University.

Ogneva, M., K.R. Subramanyam, and K. Raghunandan. 2007. Internal control weakness and cost of equity : Evidence from SOX section 404 disclosures. *The Accounting Review*. 82(5) : 1255-1297.

Osano, H. 1996. Intercorporate shareholdings and corporate control in the Japanese firm. *Journal of Banking and Finance*. 20 : 1047-1068.

Pinkowitz, L., R. Stulz, and R. Williamson. 2006. Does the Contribution of Corporate Cash Holdings and Dividends to Firm Value Depend on Governance? A Cross-Country Analysis. *The Journal of Finance* 61(6) : 2725-2751.

Porter, M., and M. Kramer. 2011. Creating shared value : How to reinvent capitalism and unleash a wave of innovation and growth. *Harvard Business Review*. 89(1/2) : 2-17.

Rajgopal, S. 1999. Early evidence on the informativeness of the SEC's market risk disclosures : The case of commodity price risk exposure of oil and gas producers. *The Accounting Review*. 74(3) : 251-280.

Rajgopal, S., and M. Venkatachalam. 2011. Financial reporting quality and idiosyncratic return volatility. *Journal of Accounting and Economics*. 51(1-2) : 435-480.

Ramanna, K. 2012. A Framework for Research on Corporate Accountability Reporting. *Harvard Business School Accounting & Management Unit Working Paper*. 12-021.

Roychowdhury, S., and E. Sletten. 2012. Voluntary Disclosure Incentives and Earnings Informativeness. *The Accounting Review*. 87(5) : 1679-1708.

Skinner, D.J. 1994. Why Firms Voluntarily Disclose Bad News. *Journal of Accounting Research*. 32(1) : 38-60.

Spence, A.M. 1973. Job market signalling. *Quarterly Journal of Economics*. 87(3) : 355-374.

Stein, J.C. 1988. Takeover Threats and Managerial Myopia. *Journal of Political Economy*. 96(1) : 61-80.

Subramaniam, N. 2006. Agency theory and accounting research : An overview of some conceptual and empirical issues. In : Hoque, Z. (eds.). *Methodological Issues in Accounting Research : theories and methods* : 55-81. London : Spiramus Press. Ltd.

Verrecchia, R.E. 1983. Discretionary Disclosure. *Journal of Accounting and Economics*. 5 : 179-194.

Verrecchia, R.E. 1990. Information Quality and Discretionary Disclosure. *Journal of Accounting and Economics*. 12(4) : 365-380.

Verrecchia, R.E., and J. Weber. 2006. Redacted Disclosure. *Journal of Accounting Research*. 44(4) : 791-814.

Yan, M., and P.D. Berger. 2008. Optimal Choice of Voluntary Disclosure Quality for the Case of Unfavorable Information. *Advances in Management*. 1(5) : 6-11.

Yi, A., and D. Howard. 2010. Intellectual capital disclosure in Chinese (mainland) companies. *Journal of Intellectual Capital*. 11(3) : 326-347.

浅野敬志．2013．「Confirmation 仮説に基づく将来予測情報の信頼性の検証」日本会計研究学会スタディ・グループ報告．

明海地区防災連絡協議会．2014．「明海地区事業継続計画（BCP）の構築に向けて－平成25年度の活動報告－　就業者の安心・安全確保を目指して」．

あらた基礎研究所．2008．『企業の事業継続性研究会研究論文集』．

あらた基礎研究所．2009．『企業の事業継続性研究会研究報告書』2．

あらた基礎研究所．2010．『企業の事業継続性研究会研究論文集』3．
アルプス電気ホームページ（http://www.alps.com/j/about_alps/tec/tec_0311.html）
池田健一・北川教央・小谷学．2013．「特別損失の計上頻度と将来業績の関連性」桜井久勝・音川和久編著『会計情報のファンダメンタル分析』中央経済社．125-148．
石塚博司．1987．「資本市場における会計情報の有効性〈パイロット・テスト〉」『企業会計』30(13)：5-12．
石榑康雄・瀧野修・前田裕二．2015．「第3回国連防災世界会議におけるR!SE関連イベント報告」『ITUジャーナル』45(5)．
磯打千雅子．2015．「大学と地域の連携による地域継続マネジメント」『地域開発』610：24-28．
伊藤邦雄編著．2006．『無形資産の会計』中央経済社．
伊藤邦雄・加賀谷哲之・金鉉玉．2009．「企業価値向上のための情報セキュリティガバナンス」『日本企業研究センターワーキングペーパー』．
伊藤邦雄・加賀谷哲之．2006．「ブランドリスクマネジメントと企業価値」『一橋ビジネスレビュー』54(3)：6-25．
伊藤邦雄．2010a．「ディスクロージャー学の展望と課題－会計基準のコンバージェンス問題を超えて」『企業会計』62(10)：4-13．
伊藤邦雄．2010b．「IFRSと日本基準の違いを把握し「説明能力」を磨くことが経営者の責務」『NIKKEI特集　IFRS NAVI 国際会計基準特集』．
伊藤邦雄．2013．『新・企業価値評価』日本経済新聞出版社．
伊藤毅．2014．「調達戦略としてのサプライチェーン事業継続強化」BCAO月例会．
伊藤毅．2016．「これからの事業継続（BC）の取り組み　補足資料」BCAO月例会．
薄井彰．1997．「会計情報と市場のマイクロストラクチャー」吉田　寛・柴　健次編『グローバル経営会計論』税務経理協会：255-277．
薄井彰．2006．「企業の国際事業展開と利益の価値関連性」『国際会計研究学会年報』．
薄井彰．2008．「情報の経済学とディスクロージャー」柴　健次・須田一幸・薄井　彰編著『現代のディスクロージャー』中央経済社：51-71．
大垣尚司．2010．『金融と法　企業ファイナンス入門』有斐閣．
太田浩司．2009．「ペイアウト政策と資本市場」『証券アナリストジャーナル』47(8)：2-10．
太田浩司．2012．「大王製紙とオリンパスのコーポレートガバナンス：同業他社との比較」『証券アナリストジャーナル』50(5)：49-54．
岡﨑路易．2016．『クライシスを乗り越えるマネジメント・コントロール』中央経済社．

岡部紳一．2011．「BCM 国際標準化動向と日本企業の BCM」『日立総研』6(3)：22-27．

奥田真也・北川教央．2011．「わが国の会計制度改革期における利益の質と個別リスクの関係について」『証券アナリストジャーナル』49(8)：91-108．

音川和久．2000．「IR 活動の資本コスト低減効果」『會計』158(49)：543-555．

音川和久．2002．「新会計基準とマーケット・マイクロストラクチャー」『會計』161(5)：28-38．

小野慎一郎・村宮克彦．2013．「将来予測シグナルとしての受注残高情報」『証券アナリストジャーナル』51(12)：37-49．

加賀谷哲之．2009a．「コーポレートガバナンスの選択が BCM に与える影響」『企業の事業継続性研究会研究報告書』2：29-47．

加賀谷哲之．2009b．「企業の事業継続計画の開示と企業価値」『産業経理』68(4)：119-130．

加賀谷哲之．2010．「BCM を促進させるコーポレートガバナンス，開示の役割」『企業の事業継続性研究会研究論文集』3：68-85．

加賀谷哲之．2011a．「大震災が促すディスクロージャー戦略の革新」『会計専門家からのメッセージ』同文舘出版．

加賀谷哲之．2011b．「BCM の開示が株式市場からの評価に与える影響」『伊藤邦雄還暦記念シンポジウム』：77-94．

加賀谷哲之．2011c．「BCM の開示が株式市場からの評価に与える影響－東日本大震災の影響に見る有事価値関連性」『あらた基礎研究所論文集』4．

加賀谷哲之．2012．「持続的な企業価値創造のための非財務情報開示」『企業会計』64(6)：79-89．

環境省・ブルームバーグ LP 共催セミナー「E（環境）から見る ESG 投資の最新動向～日本企業の ESG 情報を投資家はどう活用すべきか～」2016年8月29日．

関係省庁対策会議．2009．「新型インフルエンザ対策行動計画・ガイドライン」．

関係府省庁連絡会議．2013．「国土強靱化（ナショナル・レジリエンス（防災・減災））推進に向けた当面の対応」．

北川哲雄．2015．『スチュワードシップとコーポレートガバナンス　2つのコードが変える日本の企業・経済・社会』東洋経済新報社．

北川教央．2013．「特別損失の計上頻度による将来業績の予測可能性」『証券アナリストジャーナル』51(12)：27-36．

北地達明・北爪雅彦・松下欣親編．2016．『最新　コーポレートガバナンスのすべて』日本実業出版社．

企業活力研究所．2012．「企業における非財務情報の開示のあり方に関する調査研究報告書」．

金鉉玉．2007．「リスク情報の事前開示が投資家の意思決定に与える影響・情報流出リスクの顕在化ケースを用いて」『一橋商学論叢』2⑵：102-113．

金鉉玉．2008．「リスク情報と業績予測」『企業会計』60(8)：126-134．

金鉉玉．2010．「企業のリスク情報開示とコーポレート・ガバナンスとの関係」『インベスター・リレーションズ』4：29-48．

金鉉玉．2011．「リスク情報開示のマネジメント向上効果」『伊藤邦雄還暦記念シンポジウム』：65-76．

金鉉玉．2012．「医薬品業界における「事業等のリスク」の開示実態」日本会計研究学会．

金鉉玉・安田行宏．2012．「リスク情報開示とリスクマネジメント体制整備に向けた新たな視点－ディスクロージャー制度の次なるステップへの展望－」『プロネクサス総合研究所研究所レポート』6：5-16．

金融財政事情研究会．2012．『第12次業種別貸出審査辞典』．

金融財政事情研究会．2016．『第13次業種別貸出審査辞典』．

経済産業省．2005．「先進企業から学ぶ事業リスクマネジメント実践テキスト－企業価値の向上を目指して」．

経済産業省．2007．「知的資産経営報告の視点と開示実証分析調査報告書」．

経済産業省．2008．「ソーシャルビジネス研究会報告書」．

経済産業省．2011a．「東日本大震災後の産業実態緊急調査」2011年4月．

経済産業省．2011b．有事におけるIT活用策について～東日本大震災の経験から見えてきたこと～　http://www.meti.go.jp/committee/summary/ipc0002/028_

経済産業省．2012．「持続的な企業価値創造に資する非財務情報開示のあり方に関する調査」．

経済産業研究所．2011．「企業情報開示システムの最適設計－第2編　日本企業の持続的成長可能性と非財務情報開示のあり方」．RIETI Discussion Paper Series 11-J-014．

KPMGジャパン．2015．「日本企業の統合報告書に関する調査2015」．

古賀智敏．2012．「統合レポーティング時代における会計研究に認識基点」『企業会計』64⑽：17-23．

国土強靱化の推進に関する関係府省庁連絡会議．2013．「国土強靱化（ナショナル・レジリエンス（防災・減災））の推進に向けたプログラムの対応方針と重点化について」．

小西範幸．2008．「財務報告におけるリスク情報開示の基本的枠組み」『会社法におけるコーポ

レート・ガバナンスと監査』日本監査研究学会リサーチ・シリーズⅣ．同文舘出版．

小西範幸．2011．「リスク情報開示の意義とあり方」古賀智敏著『IFRS時代の最適開示制度』千倉書房．

小西範幸．2012．「統合報告の特徴とわが国への適用」『企業会計』64(6)：18-27．

財務会計基準機構．2005．「有価証券報告書における『事業等のリスク』等の開示実態調査」．

佐々木郁子・岡崎路易・大浦啓輔．2015．「東日本大震災における管理会計の実態調査」『原価計算研究』39(1)：1-10．

指田朝久．2010．「リスクマネジメントに関する国際標準規格ISO31000の活用」『TRC EYE266』．

澤田康幸．2014．『巨大災害・リスクと経済』日本経済新聞出版社．

産業構造審議会産業競争力部会．2011．中間とりまとめ2011年6月．

産業競争力懇談会．2013．「レジリエントエコノミーの構築，産業競争力懇談会2012年度 研究会 最終報告」．

事業継続推進機構総会資料　2011年5月30日．

事業継続推進機構意見交換会　2011年6月9日　丸谷浩明氏資料．

事業継続推進機構セミナー　2011年6月29日　丸谷浩明氏，指田朝久氏資料．

事業継続推進機構「2013年度　事業継続と両輪の企業防災　レジリエンスと事業継続」荒井富美雄氏資料．

事業継続推進機構（BCAO）ホームページ．

事業継続推進機構．2015．「BCAOアワード2014審査結果」『BCAOニュースリリース』．

事業継続推進機構．2016a．「BCAOアワード2015審査結果」『BCAOニュースリリース』．

事業継続推進機構．2016b．「2016年度9月度　月例会資料」伊藤毅氏，細坪信二氏資料．

事業継続推進機構．2016c．「これからの事業継続（BC）の取り組み」．

柴健次・須田一幸・薄井彰編著．2008．『現代のディスクロージャー』中央経済社．

新エネルギー導入促進協議会ホームページ　http://www.nepc.or.jp

新谷理．2010．「業種区分に関する検証－東証33業種区分とGICS区分の信頼性の比較－」『証券アナリストジャーナル』48(4)：77-88．

鈴木智大．2013．「業績予想の開示戦略と経済的帰結」『研究所レポート（プロネクサス総合研究所）』7：5-16．

高橋孝一．2015．「首都圏における帰宅困難者対策－新宿駅西口周辺地域を中心に－」『地域開発』610：41-44．

手嶋宣之．2004．『経営者のオーナーシップとコーポレート・ガバナンス－ファイナンス理論による実証的アプローチ－』白桃書房．

鳥取県ホームページ（http://db.pref.tottori.jp/）

内閣官房情報セキュリティセンター．2013．「IT-BCP策定モデル」．

内閣府（防災担当）．事業継続計画策定促進方策に関する検討会資料　2008年12月～2010年3月．

内閣府(防災担当)．2005．「事業継続ガイドライン　第一版．－わが国企業の減災と災害対応の向上のために－」．

内閣府(防災担当)．2007．「中央省庁業務継続ガイドライン第1版～首都直下地震への対応を中心として～」．

内閣府(防災担当)．2008．「企業の事業継続及び防災の取組に関する実態調査」．

内閣府(防災担当)．2009．「事業継続ガイドライン　第二版．－わが国企業の減災と災害対応の向上のために－」．

内閣府．2010．「企業の事業継続及び防災の取組に関する実態調査」．

内閣府．2011．「企業の事業継続及び防災の取組に関する実態調査」．

内閣府．2013．「事業継続ガイドライン－あらゆる危機的事象を乗り越えるための戦略と対応－」．

中里幸聖．2013．「国土強靱化の焦点～大規模な更新投資が必要なインフラ群～」『大和総研調査季報』10：20-39．

中野貴之．2010．「財務諸表外情報の開示実態－事業等のリスクおよびMD&Aの分析」山崎秀彦編著『財務諸表外情報の開示と保証』同文舘出版：133-150．

中野誠．2011．「日本企業のリスクテイク行動と企業価値」『伊藤邦雄還暦記念シンポジウム』：49-64．

中野誠・髙須悠介．2013．「日本企業の現金保有決定要因分析－所有構造と取締役会特性の視点から－」『一橋大学機関リポジトリ HERMES-IR』URL　http://hdl.handle.net/10086/25391

中村純一．2014．「イノベーションの促進とコーポレート・ガバナンス」『設研の視点』27．日本政策投資銀行　設備投資研究所．

中村純一．2015．「企業文化をいかに守り育てるか」『設研の視点』65．日本政策投資銀行　設備投資研究所．

名和高司．「経営環境の変化に立ち向かうCSV経営」BCAO設立10周年記念事業　経営者向けシンポジウム．2016年2月23日．

参考文献

新潟県 産業労働観光部 産業政策課．「～被災企業を新潟から支える～お互いさま事業継続連携ネットワーク」http://www.nga.gr.jp/pref_info/tembo/2011/08/post_1456.html

日本自動車部品工業会．2013．「BCPガイドライン」．

日本証券アナリスト協会（編）北川哲雄・加藤直樹・貝増眞（著）．2013．『証券アナリストのための企業分析（第4版）』東洋経済新報社．

日本情報経済社会推進協会．2013．「BCMSユーザーズガイド」．

日本ショッピングセンター協会．2016．『SC Management Book 第3版』．

日本政策投資銀行．2006．「動き始める防災経営」『DBJournal』23：10-14．

日本政策投資銀行．2011．「東日本大震災における企業の防災及び事業継続に関する調査～サステナブルなBCPを積み重ね，競争力ある復興へ～」．

日本政策投資銀行．2014a．「DBJリスク・ランドスケープ調査2014－地域の総合的なリスク評価とレジリエンスに関する意識調査－」．

日本政策投資銀行．2014b．「大規模地震・津波災害に強い地域づくりのために～人命，地域を守るためにDCPの策定を～」．

日本地域開発センター．2015．「地域のレジリエンス」『地域開発』610．

ニュートン・コンサルティング BCM用語集 http://www.newton-consulting.co.jp/bcmnavi/glossary/

ニュートン・コンサルティング，リスクマネジメント（ERM）入門研修 http://www.newton-consulting.co.jp/solution/erm/iso31000.htm

野田健太郎．2006．『事業継続マネジメントを理解する本』日刊工業新聞社．

野田健太郎．2007a．「中小企業の災害対策をサポートする」『近代セールス』52(20)：10-13．

野田健太郎．2007b．「災害時の事業継続マネジメントと地域経営」『日経グローカル』80：40-45．

野田健太郎．2008．「事業継続に向けた企業の責任と努力」『フィナンシャル・レビュー』91：60-81．

野田健太郎．2010．「研究開発投資と人的資本投資が買収防衛策に及ぼす影響」『早稲田大学大学院紀要』70：137-150．

野田健太郎．2011．「事業継続計画（BCP）開示企業の特徴に関する研究」『インベスター・リレーションズ』5：3-23．

野田健太郎・加賀谷哲之．2011．「事業継続計画と経営者業績予想の関係」『経営財務研究』31(2)：40-55．

野田健太郎．2012．「事業継続計画の開示が株主資本コストに与える影響」『現代ディスクロー

ジャー研究』12：1-16．
野田健太郎．2013．『事業継続計画による企業分析』中央経済社．
野田健太郎．2014．「レジリエンスな社会の構築に向けて」日本政策投資銀行 設研の視点．
野田健太郎．2015．「地域のレジリエンスに対する評価と活用」『地域開発』610：13-18．
野田健太郎．2016．「有価証券報告書における定性情報の分析と活用」『経済経営研究』37(1)．
野中志郎．2015．「タイにおける大水害後の大規模工業団地運営会社の防災対応と進展」『地域開発』610：45-49．
林美由紀．2012．「経済・規制環境のパラダイム変化と統合報告に期待される役割」『企業会計』64(6)：28-36．
張替一彰．2008．「有価証券報告書事業リスク情報を活用したリスクIRの定量評価」『証券アナリストジャーナル』46(4)：32-44．
ピーター・D・ピーダーセン・新将命（解説）．『レジリエント・カンパニー なぜあの企業は時代を超えて勝ち残ったのか』東洋経済新報社．
PRIホームページ https://www.unpri.org/about
PwC Japanあらた監査法人 ビジネスレジリエンスアドバイザリー担当パートナー 宮村和谷．2015．「共有価値（レジリエントな社会と持続的成長）を創造する災害リスク配慮型投資の普及・促進の意義 ～日本におけるR!SEコラボレーション活動実績報告～」．
PwCあらた基礎研究所．ARISEコラボレーションオフィス 情報共有ミーティング資料．
蛭間芳樹・近藤伸也・目黒公郎．2007．「組織の災害対応業務における情報マネージメントからの評価」『日本地震工学会－2007梗概集』378-379．
深谷純子．2014．「ヒューマンレジリエンス」『レジリエンス・レビュー8号』一般社団法人 レジリエンス協会 会報．
袋井市ホームページ www.city.fukuroi.shizuoka.jp
本合暁詩．2012．『ビジネスファイナンス』中央経済社．
牧野明弘．2011．『財務分析の実践活用法』経済法令研究会．
みやぎ企業BCP策定ガイドライン．2014．http://www.pref.miyagi.jp/soshiki/syokeisi/bcp001.html
薬事医療業界ニュース．2013．東日本大震災から2年 製薬各社の対応をアンケート．
矢澤憲一．2010．「内部統制の実証分析－決定因子，利益の質，証券市場の評価－」『インベスター・リレーションズ』4：3-28．
矢澤憲一．2012．「内部統制監査のコストと効果－監査の質の解明に向けたニューアプロー

チー」『証券アナリストジャーナル』50(5):39-48.

山崎秀彦編著.2010.『財務諸表外情報の開示と保証－ナラティブ・レポーティングの保証』同文舘出版.

山口朋泰.2013.「経営者交代と利益マネジメント－新任経営者のビッグ・バスに関する実証分析－」『証券アナリストジャーナル』51(5):20-33.

山本昌弘.2010.「日本企業の利益管理　行動ファイナンスに基づく実証研究」『明大商學論叢』92(2):1-15.

山室真澄・Steven Kraines.2015.「地球温暖化が東京に与えるリスクの現状と対策」主催:日本学術振興会多国間国際研究協力事業TRUCプロジェクト,共催:R!SEジャパンコラボレーション委員会,後援:PwCあらた監査法人.

姚俊.2013.『グローバル化時代におけるリスク会計の探求』千倉書房.

與三野禎倫.2012.「財務と非財務の統合による経営と開示のダイナミズム」『企業会計』64(6):46-55.

吉田浩一.2015.「地域の防災拠点としての活動」『地域開発』610:34-40.

吉野太郎.2012.「リスク情報開示に関する考察～リスク対応策の開示を通じて」．レジリエンスジャパン推進協議会ホームページ　www.resilience-jp.org.

渡辺研司.2011.「被災地企業被害のサプライチェーンを介した国内外への波及と今後の復興への道筋」．www.nitech.ac.jp/news/files/110413-1

渡辺研司.2015.「グローバル化・多様化する災害リスクと企業のレジリエンスのあり方」第3回国連防災会議パブリック・フォーラムDBJ主催シンポジウム.

立教大学大学院ビジネスデザイン研究科.2016.『ビジネスデザインと経営学』創成社.

索 引

英数

A 4 S ……………………………80
BCP ……………………………11
CAPM …………………………147
COSO ERM ……………………8
CSR ……………………………62
CSV …………………………63,70
ESG ……………………………78
EVA …………………………124
GICS …………………………109
GRI ……………………………80
IFRS ……………………………73
IIRC ……………………………80
IR ………………………………95
ISO22301 ………………………37
ISO31000 ………………………37
IT ………………………………31
KPI ……………………………59
LCC …………………………166
MD&A ………………………134
MTPD …………………………33
PER …………………………125
R!SE …………………………57
ROA …………………………120
ROE …………………………120
SRI ……………………………66
UNISDR ………………………57
WACC ………………………124

あ

上げ舟 …………………………11
アナリスト予想 ……………111
安否確認システム ……………22
伊藤レポート ………………122
命山 ……………………………11
イベントリスク ……………166
インバウンド ………………170

売上高利益率 …………………96
英国規格協会 …………………37
エージェンシー理論 ……76,146
エントレンチメント ………116

か

外国人投資家 …………………3
回転率 …………………………96
株主資本等変動計算書 ………92
カンファレンスコール ……112
管理会計 ………………………20
企業審査 ……………………125
キャッシュフロー計算書 …92,105
業種分類 ……………………109
経営者予想 …………………111
減損会計 ……………………103
コーポレートガバナンス・コード ……66
コーポレート・ガバナンスの状況等 …134
国土強靱化 ……………………71
国連責任投資原則 ……………65
固定長期適合率 ……………103
固定比率 ……………………102
個別リスク …………………147
コンセンサス予想 …………111

さ

在庫戦略 ………………………54
財務情報 ………………………75
財務レバレッジ ……………102
サステナビリティ ……………80
サプライチェーン ……………23
参集訓練 ………………………41
事業継続ガイドライン ………25
事業等のリスク ……………134
資金計画 ……………………127
自己資本比率 ………………102
市場リスク …………………147
シナリオ非提示型図上訓練 …41

自発的開示⋯⋯⋯⋯⋯⋯⋯⋯⋯⋯⋯75
自発的法定開示⋯⋯⋯⋯⋯⋯⋯⋯141
社会的起業⋯⋯⋯⋯⋯⋯⋯⋯⋯⋯⋯68
社外取締役⋯⋯⋯⋯⋯⋯⋯⋯⋯⋯⋯69
収支予想⋯⋯⋯⋯⋯⋯⋯⋯⋯⋯⋯⋯127
重要事業⋯⋯⋯⋯⋯⋯⋯⋯⋯⋯⋯⋯19
受注残高⋯⋯⋯⋯⋯⋯⋯⋯⋯⋯⋯⋯103
消防訓練⋯⋯⋯⋯⋯⋯⋯⋯⋯⋯⋯⋯41
情報の非対称性⋯⋯⋯⋯⋯⋯⋯⋯⋯76
ショートターミズム⋯⋯⋯⋯⋯⋯⋯4
図上訓練⋯⋯⋯⋯⋯⋯⋯⋯⋯⋯⋯⋯41
スチュワードシップ・コード⋯⋯⋯66
ステークホルダー理論⋯⋯⋯⋯76,146
性能評価⋯⋯⋯⋯⋯⋯⋯⋯⋯⋯⋯⋯53
セグメント情報⋯⋯⋯⋯⋯⋯⋯⋯110
総資産回転率⋯⋯⋯⋯⋯⋯⋯⋯⋯⋯97
損益計算書⋯⋯⋯⋯⋯⋯⋯⋯⋯⋯⋯92

た

第三者認証⋯⋯⋯⋯⋯⋯⋯⋯⋯⋯⋯37
貸借対照表⋯⋯⋯⋯⋯⋯⋯⋯⋯⋯⋯92
対処すべき課題⋯⋯⋯⋯⋯⋯⋯⋯134
耐震偽装⋯⋯⋯⋯⋯⋯⋯⋯⋯⋯⋯167
ダイヤモンド構造⋯⋯⋯⋯⋯⋯⋯⋯52
多角化ディスカウント⋯⋯⋯⋯⋯110
棚卸資産回転日数⋯⋯⋯⋯⋯⋯⋯⋯97
棚卸資産回転率⋯⋯⋯⋯⋯⋯⋯⋯⋯97
地域継続計画⋯⋯⋯⋯⋯⋯⋯⋯⋯⋯47
中央省庁業務継続ガイドライン⋯⋯40
中期経営計画⋯⋯⋯⋯⋯⋯⋯⋯⋯127
沈下橋⋯⋯⋯⋯⋯⋯⋯⋯⋯⋯⋯⋯⋯11
ディスカウント・キャッシュフロー法⋯123
統合報告書⋯⋯⋯⋯⋯⋯⋯⋯⋯⋯⋯80
当座比率⋯⋯⋯⋯⋯⋯⋯⋯⋯⋯⋯101
東証業種区分⋯⋯⋯⋯⋯⋯⋯⋯⋯109
特別損失⋯⋯⋯⋯⋯⋯⋯⋯⋯⋯⋯⋯97
都市の災害回復力スコアカード⋯⋯57
土壌汚染⋯⋯⋯⋯⋯⋯⋯⋯⋯⋯⋯167

な

内部統制⋯⋯⋯⋯⋯⋯⋯⋯⋯⋯⋯⋯69

日経業種分類⋯⋯⋯⋯⋯⋯⋯⋯⋯109
日本自動車部品工業会⋯⋯⋯⋯⋯⋯34
日本標準産業分類⋯⋯⋯⋯⋯⋯⋯109
ニューツーリズム⋯⋯⋯⋯⋯⋯⋯169
任意開示⋯⋯⋯⋯⋯⋯⋯⋯⋯⋯⋯150
年金積立金管理運用独立行政法人⋯65

は

買収防衛策⋯⋯⋯⋯⋯⋯⋯⋯⋯⋯116
バックアップ⋯⋯⋯⋯⋯⋯⋯⋯⋯⋯34
非財務情報⋯⋯⋯⋯⋯⋯⋯⋯⋯⋯4,75
ビジネスインパクト分析⋯⋯⋯⋯⋯13
ビッグ・バス⋯⋯⋯⋯⋯⋯⋯⋯⋯⋯99
避難訓練⋯⋯⋯⋯⋯⋯⋯⋯⋯⋯⋯⋯41
ピラミッド構造⋯⋯⋯⋯⋯⋯⋯⋯⋯52
ファンダメンタルズ分析⋯⋯⋯⋯123
負債比率⋯⋯⋯⋯⋯⋯⋯⋯⋯⋯⋯102
フリー・キャッシュフロー⋯⋯⋯108
プロジェクトファイナンス⋯⋯⋯130
米国規格協会⋯⋯⋯⋯⋯⋯⋯⋯⋯⋯37
包括利益⋯⋯⋯⋯⋯⋯⋯⋯⋯⋯⋯⋯99
包括利益計算書⋯⋯⋯⋯⋯⋯⋯⋯⋯92
法定開示⋯⋯⋯⋯⋯⋯⋯⋯⋯⋯75,150
保守主義⋯⋯⋯⋯⋯⋯⋯⋯⋯⋯⋯⋯21

ま

マクロ指標⋯⋯⋯⋯⋯⋯⋯⋯⋯⋯109
マテリアリティ⋯⋯⋯⋯⋯⋯⋯⋯⋯78
マルチプル法⋯⋯⋯⋯⋯⋯⋯⋯⋯124
目標復旧時間⋯⋯⋯⋯⋯⋯⋯⋯13,33
モラルハザード⋯⋯⋯⋯⋯⋯⋯⋯⋯76

ら

利益マネジメント⋯⋯⋯⋯⋯⋯⋯⋯98
リスクコミュニケーション⋯⋯⋯⋯71
リスクコントロール⋯⋯⋯⋯⋯⋯⋯16
リスクファイナンス⋯⋯⋯⋯⋯⋯⋯16
流動比率⋯⋯⋯⋯⋯⋯⋯⋯⋯⋯⋯101
レジリエンス⋯⋯⋯⋯⋯⋯⋯⋯⋯9,55
連絡訓練⋯⋯⋯⋯⋯⋯⋯⋯⋯⋯⋯⋯41

＜著者紹介＞

野田　健太郎（のだ　けんたろう）

1962年	神奈川県生まれ
1986年	日本開発銀行（現 日本政策投資銀行）入行
	ロスアンジェルス事務所次席駐在員，公共ソリューション部CSR支援室長，日本経済研究所，設備投資研究所上席主任研究員を経て
2014年	立教大学大学院ビジネスデザイン研究科・観光学部教授
	内閣府　政府業務継続に関する評価等有識者会議委員，激甚化する大規模自然災害に係るリスクファイナンス検討会委員等を歴任，2020年－2021年 University of California, Berkeley 客員研究員。事業継続推進機構理事，証券アナリスト（検定会員）

学歴・学位
慶應義塾大学法学部法律学科卒業
一橋大学大学院国際企業戦略研究科修了（MBA）
一橋大学大学院商学研究科博士後期課程修了（博士（商学）一橋大学）

主要著書
『ベンチャー育成論入門』（編著）大学教育出版，2004年
『事業継続マネジメント BCMを理解する本』日刊工業新聞社，2006年
『事業継続計画による企業分析』中央経済社，2013年
『観光産業のグレート・リセット』（共編著）中央経済社，2022年

戦略的リスクマネジメントで会社を強くする

2017年2月25日　第1版第1刷発行
2024年3月30日　第1版第3刷発行

著　者	野　田　健太郎
発行者	山　本　　　継
発行所	㈱中央経済社
発売元	㈱中央経済グループパブリッシング

〒101-0051　東京都千代田区神田神保町1-35
電話　03（3293）3371（編集代表）
　　　03（3293）3381（営業代表）
https://www.chuokeizai.co.jp
印刷／昭和情報プロセス㈱
製本／㈱関川製本所

© 2017
Printed in Japan

＊頁の「欠落」や「順序違い」などがありましたらお取り替えいたしますので発売元までご送付ください。（送料小社負担）

ISBN978-4-502-21761-5　C3034

JCOPY〈出版者著作権管理機構委託出版物〉本書を無断で複写複製（コピー）することは，著作権法上の例外を除き，禁じられています。本書をコピーされる場合は事前に出版者著作権管理機構（JCOPY）の許諾を受けてください。
JCOPY〈https://www.jcopy.or.jp　eメール：info@jcopy.or.jp〉

おすすめします

事業継続計画による企業分析

野田健太郎（著）

A5判・226頁

東日本大震災を契機に企業の事業継続計画（BCP）への関心が高まっている。そこで，本書は，BCP開示企業の特徴を把握したのち，BCPに関する情報開示の効果を解明する。

≪Contents≫
第1章　問題の所在と本書の構成
第2章　BCPの特徴と最近の潮流
第3章　BCP開示と取組みの関連性
第4章　分析のフレームワーク
第5章　BCP開示企業の決定要因
第6章　BCPと経営者業績予想の関係
第7章　BCP開示が資本コストに与える影響
第8章　BCPの開示方法が株価変化に与える影響
第9章　分析結果の整理と今後の課題

中央経済社